国際法で読み解く
戦後史の真実

文明の近代、野蛮な現代

倉山 満

Kurayama Mitsuru

PHP新書

はじめに

最初に断言しておきます。

日本人は、全人類に対する罪を自覚すべきです。

もし日本があそこまで愚かなことをしなければ、世界がここまで野蛮になることはなかったでしょう。愚かなこととは何か。大東亜戦争のことです。

かの大戦において、大日本帝国は、ソヴィエト連邦の片手間の、中華民国の片手間の、大英帝国の片手間に、アメリカ合衆国と戦争をし、そして滅亡してしまいました。その結果、どうなったか。

大戦後、米ソ中仏英が世界の五大国となり、日本は地球の秩序に何の責任も持てない立場に叩き落とされました。その後、米ソ両国を盟主として、冷戦がはじまります。冷戦とは、自由主義と共産主義のイデオロギー対決、どちらの思想が正しいかの争いです。

自由主義とは、「人を理由もなく殺してはいけない。人間ならば誰もが等しく、理由もなく殺されないで生きていく権利がある」とする思想です。何を当たり前のことを、と思うのは日本人くらいです。たったこれだけの主張が人類の多数派になるのに、人類は何百年もおびただしい量の血を流し続けたのですから。

それに対して共産主義とは、「世界中の政府を暴力で転覆し、地球上の金持ちを皆殺しにすれば、全人類が幸せになれる」という思想です。思想と呼ぶのも恥ずかしい幼稚な主張ですが、一時は世界の半分が共産主義者に支配されてしまいました。

共産主義の盟主であるソ連こそ滅びましたが、中国共産党による一党支配は健在です。チベットでの民族浄化は新疆《しんきょう》ウイグルにも及び、周辺諸国に脅威を与え続けています。

また、いまのロシアが、グルジアやウクライナなどで行なっているヨーロッパへの侵略の数々は、ソ連の昔と変わりません。

では、自由主義陣営の盟主を気取るアメリカが地球の秩序に責任を持てるかというと、極めて怪しい。シリアやイラクを中心とした中東の動乱は収まる気配も見せません。また、北朝鮮もどうなるか。

それもこれも、すべて日本が大戦に負け、滅んでしまったことが原因です。

日本の罪とは何か。世界が野蛮になっていくのを止められなかったことです。大東亜戦争において国策を愚かに誤り、世界を野蛮にしてしまった罪です。

本書においては、この日本の大罪について語りたいと思います。

本書は私が現代史について真正面から取り組む最初の本になるのに気が重いですが、仕方ありません。わが国が未来へ進むには、現実を冷徹に見据えなければなりませんから。


満洲事変が起こった一九三一年、間違いなく大日本帝国は無敵の国でした。日本が中華民国で何をしようが、アメリカもソ連も大英帝国も、何もできませんでした。よほどの愚かなことをしない限り、滅びようがない国、それが大日本帝国でした。ところが満洲事変から、たった十五年で滅びてしまいました。

つまり日本人が、よほどの愚か者だったということです。

私は、昭和初期の日本が悪い国だったとは思いません。また、中華民国などアジアの周辺諸国を侵略し、増長したのでアメリカとソ連に制裁されたという意味で愚かだったとの歴史観には、異を唱えます。

日本はアメリカだの、ソ連だの、中華民国だのにとやかくいわれるような悪い国では断じてありません。道徳において、連中には何一ついわれる筋合いはない。

しかし、道徳的にまったく悪くないのに、悪者呼ばわりされている。これが愚かでなくて何でしょうか。はたして、その自覚がどれほどの日本人にあったか。

日本は悪い国だと罵倒するのが左派、日本は悪い国ではないと弁護するのを右派としましょう。左右両派とも、日本の愚かさから目を背けている点では、同じ穴のムジナなのです。

三年前、『歴史問題は解決しない　日本がこれからも敗戦国でありつづける理由』（PHP研究所、二〇一四年、文庫版タイトル『日本人だけが知らない「本当の世界史」』PHP研究所、二〇一六年）で、アメリカ・中国・ロシアといった世界の三大国がどれほど野蛮であるかを書きました。そして、その三大国の前に、いまの日本がいかに無力であるかを。

昨年、『国際法で読み解く世界史の真実』（PHP研究所、二〇一六年）で、とかく誤解されがちな国際法とは何かを説き、文明とは国際法のことであり、日本こそが世界史で最も国際法を守った国であるのみならず、名前こそ「国際」と冠されていたにもかかわらず、しょせんはヨーロッパ公法にすぎなかった国際法を、真の意味での国際法にした国こそが大日本帝国であることを明らかにしました。

わが国はヨーロッパ列強に「お前たちは文明国ではない」と不平等条約を押しつけられ、

狂おしいほどに努力しました。富国強兵で経済力を蓄えて、帝国陸海軍を育て上げ、日清・日露戦争で有無をいわせない大勝利を獲《え》ました。それも、ただ勝つだけではなく、誰よりも国際法を守り文明的に振る舞ったという意味で、有無をいわせず。

第一次世界大戦後にヨーロッパは没落し、近代史において初めて、欧州以外の国が世界の大国となります。アメリカと日本のことです。そして、国際紛争を解決する普遍的国際機関であると謳った国際連盟も設立されます。

しかし、アメリカは世界の秩序に責任を持つことを放棄しました。自ら設立を提唱した国際連盟にも加盟しないという無責任さです。仮にアメリカが連盟に参加したとしても、国際紛争を解決する能力はなかったでしょう。アメリカは、国際法を理解できる文明国ではないのですから。

もちろん、アメリカは「人を殺してはならない」という価値観を共有できる国ではありますが、アメリカ人にも色々います。悲劇的だったのは、アメリカが世界の大国に躍り出た時の大統領がウッドロー・ウィルソンだったことです。ウィルソンの悪行については、私は多くの著書で述べてきたので一言だけ述べます。現在の人類の不幸は、控えめにいって、九割がウィルソンに原因があります。

第一次世界大戦後の秩序を担ったのは、大日本帝国でした。旧大国の英仏は、世界中の恨みを買っています。だから、国際法の模範生である日本が、国際連盟に持ち込まれる紛争を処理し、二つの世界大戦間のかりそめの平和を維持していたのです。

ところが満洲事変で日本と国際連盟が衝突し、不幸な決裂を迎えました。これが世界の不幸につながります。

当時、世界は野蛮な国であふれていました。そして第二次世界大戦において、三人の野蛮な指導者が世界を不幸のどん底に叩き落としました。

一人目が、ナチス・ドイツを率いたアドルフ・ヒトラー。ナチスを率いるヒトラーは、「ユダヤ人を皆殺しにすればドイツ人は幸せになれる」などと唱え、第二次世界大戦を引き起こします。愚かにも大日本帝国は、ナチス・ドイツと同盟を結んでしまいます。

では、なぜそんな愚かなことをしたのか。日本の隣には、ナチスよりも悪い国があったからです。共産主義の盟主であるソ連です。

二人目が、ヨシフ・スターリン。ソ連の独裁者です。スターリンは、ドイツとイギリス、日本とアメリカを闘わせ共倒れにさせようと、あらゆる謀略を駆使しました。

イギリスやアメリカは、ナチスと戦うためにソ連と組みます。また英米は、アジアでは中華民国を支援し、日本との対立を深めます。そして米英ソ中は、ナチスと日本を相手に世界大戦を戦います。スターリンの思う壺です。しかし、謀略は相手が錯誤をしてくれて初めて、功を奏します。

三人目が、フランクリン・D・ローズベルト。アメリカの大統領です。三選禁止の不文律を破り、四選を果たした人物です。この人物は、ナチスと大日本帝国を敵視し続けました。そして、日米戦争を引き起こし、英独戦争に介入しました。

結果、どうなったか。ナチスが消えたのは良いとしましょう。しかし、大英帝国も世界中のすべての植民地を失い、名ばかり大国に転落しました。アメリカとて、無傷で手に入る世界の覇権だったはずが、半分をソ連に渡してしまいました。

そして、現代。

冷戦は終わりましたが、それはヨーロッパでの話です。今日も、北朝鮮の核開発をめぐり、アメリカと中露両国がにらみ合っています。

国際法を理解しているのか怪しい、アメリカ。

国際法を理解したうえで破る、ロシア。

そもそも法を理解できない、中国。

そもそも人の道を理解できない、北朝鮮。

そうした国々に囲まれて、「日本」は国名ではなく地名にすぎなくなっています。周辺諸国が核兵器を手に激しく火花を散らす中、右往左往するばかりです。

これが文明の姿か。

本書では、国際法を通じて現代史を振り返りながら、いまの野蛮な世界でどのようにわが国が生き残ればいいのか、考えていきたいと思います。

平成二十九年九月　北朝鮮が水爆実験を成功させたと発表した日に

国際法で読み解く戦後史の真実

目次

第1章　「文明の近代」はなぜ野蛮化したのか

第2章

戦後日本の「諸問題の根源」を国際法で解く

第3章

国際法を理解できない者VS理解して破る者の「仁義なき冷戦」

第4章 キューバ危機・ベトナム戦争・文化大革命

第5章　冷戦が終結し、世界はさらに野蛮になった

終章　あらためて、なぜいま国際法を学ばねばならないか

第1章　「文明の近代」はなぜ野蛮化したのか

「現代のほうが文明的」は単なる勘違い

多くの人は、第一次世界大戦の頃より、あるいは第二次世界大戦の頃より、現代の人間のほうが平和的でお上品で進歩していると思っているかもしれません。まして、その前のナポレオン戦争の頃と比べたら、比較にならないほど現代は文明的な世界だと考えているかもしれません。

もちろん、そういう部分もあります。技術もたしかに進みました。

しかし、はっきりいいます。「現代のほうが文明的」という考えは単なる勘違いです。現代社会は昔よりも、はるかに「野蛮」です。

こう書いてきても、「何をいっているのか、わからないのですが」とおっしゃる方がほとんどでしょう。

なにしろ、戦後一貫して、いかに戦前の日本が野蛮で悪かったかということばかり吹き込まれて、戦後日本は平和憲法を戴《いただ》き、民主主義の平和国家として大いに進歩・発展したと教えられてきたのですから、それも致し方ありません。

ところが、じつは戦前の日本は、世界の文明の維持発展のために重要な役割を担う存在でした。そして、大日本帝国が敗れて、世界は野蛮になったのです。ただし、戦前の日本がいかなる存在だったかについての詳細な検証は本書の主題ではありません。その点に関しては、小著『国際法で読み解く世界史の真実』（ＰＨＰ研究所）をひもといていただければと思います。本書は同著の姉妹作になります。

　本書は、大日本帝国が敗れた後、戦後の世界がどのように動いていったのかという「現代史」が主題です。お姉さんは近代史までの世界史を国際法で読み解く本でしたが、妹の本書はそれに続くものになります。

「お姉さん」のほうでは、国際法で読み解く国別の「傾向と対策」をご紹介した後、国際法用語集を解説し、さらに国際法の成立から崩壊までをローマ帝国から第二次世界大戦の始まりまでというロングスパンで検討してきました。「妹」の本書では、それを前提に、いよいよ国際法で戦後史を読み解いていきます。

　もちろん、あらかじめ『国際法で読み解く世界史の真実』をお読みいただいていたほうが、本書の趣旨はお汲《く》み取りいただきやすいと思います。しかし、本書から読みはじめても大丈夫なように、まず本章では「国際法」について見ていくことにしましょう。前著を手に取ってくださった方は、おさらいをするようなつもりで、お読みください。

国際法とは積み重ねられた慣習の集大成

国際法とは何か。

六法全書を探しても「国際法」という、そのものズバリの名前の「法律」はありません。「法律」とは、その法律に従わせることができる政府が国民に強制するルールのことをいいます。このルールは私人間、法人（団体）間、私人と法人、政府と私人または法人との間で強制的に働くものなので、「強制法」といいます。刑法や民法がその代表的な例です。しかし、国際法は、国内法のような強制法ではありません。

では、具体的には何を指して国際法といっているのでしょうか。

日本国が締結した条約及び確立された国際法規は、これを誠実に遵守《じゅんしゅ》することを必要とする。（日本国憲法第九八条二項）

本書でいう国際法とは、日本国憲法第九八条二項がいう「確立された国際法規」、すなわち「慣習国際法」のことです。

慣習とは、歳月をかけて培うものです。歴史としての蓄積によって破れない法となったもののことを指します。明文化されているかどうかというものさしでいえば、「不文法」という言い方ができます。だから六法全書を探しても見つかりません。条約は国際法の中の明文化されたごく一部のものです。

国際法は国と国どうしの合意によって成立する「合意法」です。強制法の反対が合意法です。国家間の合意が破られたときに、それを守るように強制する力を持った、共通の世界政府のような存在はありません。ですから、「自力救済」が可能であることを前提とし、自力救済ができない国は国として認められません。

国が自力救済するとはどういうことか。自分の国が存続するためのあらゆる努力をしてよいということです。

最もわかりやすいものとして、自衛のための軍隊を持つことが挙げられます。世界中、どんな国であっても軍隊を持つことは認められています。軍隊とは、国際法に基づいて自分の国を守る実力組織のことをいいます。個人が自分の身を守る権利があるように、すべての国は自分の国を守る権利を持っています。自然の権利なので、自然権といいます。この自然は、「当然」と言い換えたほうがわかりやすいかもしれません。国として、自分の身を守るのは当然の権利。それを実行するための軍隊を持つのは当然の権利。条約の文字に書かれていようがいまいが、当然の権利。

国際法は、歴史の中で国家間の合意として当然のこととして積み重ねられた慣習の集大成なのです。

だから、「文明国間の法」とも呼ばれるのです。

「無法で残忍な人殺し」から「ルールに基づいた決闘」へ

国際法は、一六四八年に成立したウェストファリア条約に始まります。

ウェストファリア条約とは、三十年戦争と呼ばれる宗教戦争の講和条約のことで、このときに生まれた国際的な秩序を「ウェストファリア体制」と呼びます。その国際的な秩序とは、「すべての主権国家が対等な関係」にあるというものです。

三十年戦争は、一六一八年にカトリックのハプスブルク家がプロテスタントを弾圧したことに始まり、ヨーロッパの各国が徐々に参戦して、欧州全土に拡大した宗教戦争で、断続的に三十年間続いた凄惨《せいさん》な殺し合いです。

宗教戦争は、自分とは異なる信仰を持つ者を一人残らず殲滅《せんめつ》するまでやめられません。敵は悪魔です。悪魔と妥協することは悪です。だから、やめられないのです。宗教戦争では、殺す相手も、殺し方も、何でもありです。三十年戦争以前に行なわれていた十字軍や魔女狩りのように、本当に殺し尽くすまで戦いをやめなかった例もあり、戦争というのはそういうものだと考えられていました。

しかし、このような戦争は、殺されるほうはもちろんですが、殺すほうも疲弊します。殺されるほうも無抵抗とは限りませんから、双方ともに危険に身をさらし続けるわけです。

その時代に登場したのがオランダの法学者フーゴー・グロチウスです。グロチウスは『戦争と平和の法』を著し、「戦争に善いも悪いもない。だからこそ戦争にも守るべき法がある」と主張します。

グロチウスが考えたのは、戦争を「無法で残忍な人殺し」ではなく、「ルールに基づいた決闘」に変えることです。もともとヨーロッパの貴族たちには、揉《も》めごとが起きたときには決闘で決着をつける文化がありました。この思想は、人殺しに疲弊してウェストファリア条約を結ぶに至った国王たちに受け容れられ、国際法として確立していくことになります。

異なる結論、考え方で対立が起きたときに、争いが起きることは避けられません。それぞれの主張や利害がぶつかった場合、善悪は関係がありません。にもかかわらず、戦争を善悪でとらえてしまうと、戦争は総力戦思考で行なうものになり、結果がどんどん凄惨なものになりました。実際には、戦争で殺すか殺されるかは「力の差」の結果でしかありません。ルールのない状態で何をやってもよいのであれば、勝つために、必ず相手より圧倒的に優位な状態に立とうとするのは当たり前で、時にそれは無意味な殺傷となり、より残虐な行為となります。

まるで現代の国際紛争そのもののようですが、そのとおりです。いまも世界中で行なわれている宗教紛争や民族紛争は、三十年戦争への先祖返りといっても過言ではありません。憎悪が殺戮《さつりく》を呼ぶ、総力戦です。現代の紛争も、二つの世界大戦も、前近代の宗教戦争も、相手の総力を破壊するまで終わらない、総力戦なのです。こうした悲惨な様相を少しでも和らげようとしたのが、グロチウスだったのです。

「総力戦思考」か「目的限定戦争思考」か

グロチウスの提唱した国際法がまったく意味がないかというと、そうではありません。

現在、最も確立された国際法として、三つのことがいわれています。

第一、世の中の状態には戦争と平和の区別がある。
第二、戦時において味方と敵と中立の区別をつけねばならない。
第三、戦時において戦闘員と非戦闘員の区別をつけねばならない。

これはある種の「法則」のようなもので、否定しようがありません。グロチウスの提唱により、人類はこの程度のことを理解できる程度には進歩したのです。

さて、一六四八年以前の中世のヨーロッパには、各国国王の上位の存在として、神聖ローマ帝国皇帝とローマ教皇がいました。上位であっても、アンパイアではありません。自身も宗教戦争の当事者ですから、アンパイアではなくプレーヤーです。上位の存在はあっても、止める者がいない世界だったのです。彼らの命令に従って三十年も殺戮を続けた結果、誰もが人を殺すことに疲弊し、「信仰が異なる者でも殺さなくていい」という「宗教的寛容」という価値観を持つに至ります。

ローマ教皇からすれば、そんな「宗教的寛容」などのめるはずがありません。事実、ローマ教皇はウェストファリア条約の無効を宣言します。

しかし、もうローマ教皇の命令に従って無益な殺し合いをしたくない国王たちは、ウェストファリア条約締結を機に神聖ローマ帝国皇帝とローマ教皇から独立し、主権国家として対等の関係を確立していきます。みんなの合意により、皇帝も教皇も国王と対等の存在にしました。

これが、現代に続く国際社会＝ウェストファリア体制であり、そこに集まった対等の国家間の合意で生まれたルールが国際法なのです。

ウェストファリア体制が確立した後、戦争のプレーヤーが対等の国王となった結果、国王どうしで金や領土を奪い合う決闘の性格が強くなったので、相手を殲滅させなくても目的が達成できればいいという合理主義に基づいていきます。これを「目的限定戦争」といいます。

以後の戦争は「目的限定戦争思考」で考えられていくようになります。

その戦争が「総力戦思考」の戦争なのか「目的限定戦争思考」の戦争なのかの違いは、第二次世界大戦以後の国際紛争を見るときの指標となりますので、覚えておきましょう。

惨たらしく人を殺してはいけません

中世までのヨーロッパの国々において、平民は地域を治める領主の財産にすぎませんでし

精神的な結びつき

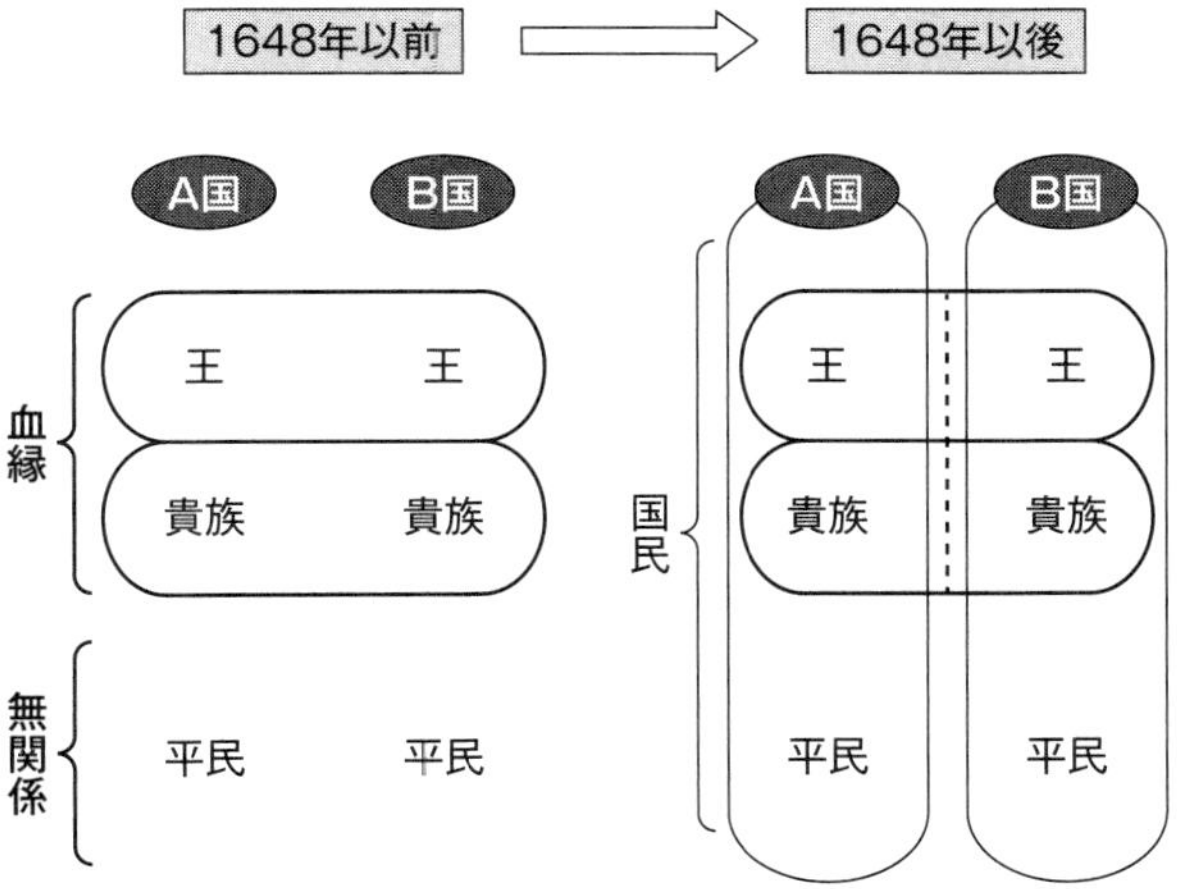

た。国王は国王どうし、貴族は貴族どうしの血縁関係のほうが強く、彼らが支配する平民との精神的な結びつきは希薄でした。

ウェストファリア体制は、ローマ教皇と神聖ローマ皇帝という国王の上位の存在を排除したことによって、それぞれの国が国王の絶対的権力によってまとまりを得る領邦主権国家へと発展していきます。

その後、イギリス、フランス、アメリカでは貴族や平民たちが国王の圧政に反抗して、国王を倒す革命が起き、それまでプロの傭兵《ようへい》など金で雇った兵士によって行なわれていた戦争は、同じ国に暮らす人たちが共同体を守るための「国民軍」による戦争へと変化していきますが、戦争が「決闘」の延長線上のものであるという性質は変わりません。

ウェストファリア体制の確立以降、決闘の延長である戦争を行なう資格を持つ主権国家が文明国だと見なされます。「決闘としての戦争をやる資格を持つ主権国家」とは、対内的には警察力を発動して国をまとめ上げる力を持つと同時に、対外的には排他的支配を確立できるだけの軍事力を持っている国家のことを指します。つまり、文明国とは単に文化的側面を指すのではなく、「力」を持っていることが条件なのです。

ウェストファリア体制の中で、文明国が共有している価値観とは、「人は殺してはいけません。まして、惨《むご》たらしく殺してはいけません」です。

ただし、この「人は殺してはいけない」という価値観を持っているかどうかは、その国が近代化できているかどうかを分けるほど大きな意味を持っています。実は、現代に至ってもまだ、世界には「人を殺してはいけません」という価値観が当たり前ではない人たちがたくさんいます。

ちなみに、ウェストファリア条約ができたからといって、すぐに宗教的寛容が定着したわけではありません。一六四八年の条約締結から約百年もの歳月をかけ、ようやく共有することができるようになった価値観なのです。

ところで、そのような価値観を、はるか昔からつくりあげていた国があります。その国こそ、日本です。

聖徳太子が定めた十七条憲法の第一条は「和を以て貴しとなす」で始まります。西暦六〇四年、ムハンマドがイスラム教を開く六年前の言葉です。ヨーロッパは暗黒の中世の真っただ中です。そんな時代に和を大切にしましょう、です。日本では、「人を殺してはいけません」など、いうまでもないのです。

ちなみに、あるヨーロッパ人は「一六〇四年、早すぎないか？」と聞き間違えたのですが、「いえいえ、最初の〝一〟はいりません」と微笑みを浮かべて答えてあげたことがあります。ヨーロッパで一六〇四年といえば、これから三十年戦争に突入していく、泥沼の時代ですから。

ちなみに当時の世界中を回った宣教師の観察によれば、「日本は世界で一番平和な国」なのだとか。戦国時代の日本など、ヨーロッパの宗教戦争、アメリカ大陸やアフリカ大陸を植民地にしていく殺戮、あるいはユーラシア大陸での騎馬民族の大激突に比べれば、のどかに見えたのかもしれません。少なくとも、戦国時代はおろか、『古事記』の時代から日本では、「無意味に人を殺すのは悪いことだ」という価値観が染みついています。

そんな日本で生まれ育った日本人は、地球上にいるすべての人が、原始から「人は殺してはいけません」という価値観を持っているものだと考えがちです。しかし、ヨーロッパですら、日本人のこの感覚に追いつくのに千年以上かかりました。ホロコースト、広島・長崎の原爆投下、文化大革命など、近現代史の中でさえ、大量虐殺の事件を挙げるのに枚挙にいとまがありません。

なぜ日本以外の国の人たちは、こうした大量虐殺ができるのかと、不思議に思う日本人は多いと思いますが、理由は、そもそも「人は殺してはいけません。まして惨たらしく殺してはなりません」という価値観がなかったからです。

宗教原理主義、共産主義における虐殺の論理構造

これには、宗教をどうとらえているかという点も関係します。

中世の宗教戦争では、相手を殺し尽くすことが当然とされました。その宗教の教えが「生き方そのもの」になっていると、その宗教だけが正しく、他はすべて「ありえない」ということになります。

しかも、「自分たちの宗教だけが正しく、本当の救いをもたらしてくれるものだ」と信じ

ている宗教が数多くあります。こういう宗教がいくつも乱立していると厄介です。同じ人間どうしであっても、自分たちが実践する正しい教えに従わないものは悪魔だから、何をしてもいい、苦しめていい、殲滅すべきだという考え方ができるのです。「真に、正しい宗教を信じていない人は、罪を犯してしまっている気の毒な存在だから、殺して救ってあげたほうがいい」という発想をする宗教さえあります。

多くの日本人は、こうした宗教原理主義的な発想がなかなか理解できません。

さらに、宗教を名乗っていませんが、近現代の共産主義国で行なわれる粛清や虐殺も、同じ原理です。絶対とするものが宗教ではなく、独裁者、あるいは党に置き換わるだけです。曰く、「真に平和で皆が幸せに豊かに暮らせる偉大な共産主義社会の建設を邪魔しているのは、労働者から利益を搾取しているブルジョワ階級だ。彼らこそ、本来は労働者のものである富を搾取して私腹を肥やしている悪い奴らであり、すなわち人民の敵である。共産党の偉大なる指導者が、こいつは人民の敵だ！　というのだから、打倒せよ。人民の敵を殺すことが正義だ」という考えです。

カール・マルクスという、共産主義を考え出した思想家がいっています。「宗教を否定するところから始まる宗教ほど危険なものはない」と。まさに自分で言い出した共産主義が、そのとおりになりました。

宗教にせよ、共産主義にせよ、正義のために人殺しができるのですから、いくらでも残忍になります。そして「異端」「異教徒」「人民の敵」はレッテル貼り放題でいくらでも増やせますし、いくらでも殺せます。マルクスが煽ったことは、宗教戦争の焼き直しです。

宗教に関していえば、日本は八百万《やおよろず》の神様を祀り、かつ仏様を敬う国です。宗教を宗教として客観視することができました。

宗教観そのものが、日本人は特有なのです。

日本は国際法を使いこなし「非文明国」の道から逃れた

国際法には、二面性があります。

決闘としての戦争をやる資格を持つ主権国家どうしの戦いなら、ルールに沿って戦う。これは自明の理です。

では、決闘としての戦争をする資格もなく、力もないものに対してはどうでしょうか。答えは、「どんなに蹂躙《じゅうりん》しようが殺そうが構わない」です。

当然のことですが、ウェストファリア体制はヨーロッパで成立しました。ですから、決闘としての戦争をやる資格を持つ文明国は、当初はヨーロッパのキリスト教国に限られました。同じキリスト教の中で、カトリックか、プロテスタントかについては妥協ができましたが、それ以外に対してはどうであったか。

十五世紀に始まった大航海時代以降、ヨーロッパ各国は競うようにアフリカ大陸や南北アメリカを植民地化していきます。アフリカ大陸や、南北アメリカにいた先住民に対して、ヨーロッパ人は自分たちと同じルールで戦争をする資格を認めませんでした。当然のことながら、抵抗する力がない国は片っ端から滅ぼされていきます。そうやって文明国が蹂躙しても構わない国のことを「非文明国」だと勝手に決めつけます。勝手な決めつけですが、逆らう力がないのですから、やりたい放題です。

一八五六年パリ条約において、それまでヨーロッパの国々が束になっても敵《かな》わなかった強国のトルコがヨーロッパに完全屈服し、ウェストファリア体制の中に組み込まれます。クリミア戦争でロシアに侵略され亡国寸前だったのを、英仏に救ってもらったのです。

ただしトルコは、それまでにヨーロッパ各国が植民地にした国と異なり、蹂躙された植民地にはなりませんでした。そこで、ヨーロッパ人たちは「半文明国」という新しい概念を生み出します。

そのとき、厳密にはそれまで「International Law」であったものが、実質的な意味として「国際法」となったと理解されています。つまり、ヨーロッパだけの合意法ではなく、ヨーロッパ以外の、キリスト教国以外の世界も含めた合意法となったということです。

それと前後して、ヨーロッパの列強諸国はペルシャや清にも侵攻し、それらの国々に不平等条約を押しつけては半文明国に叩き落としていきました。そうやって、世界中を植民地や属国にしながら勢力を拡大した最後にたどり着いたのが、日本です。

日本は「人は殺してはいけません」という価値観を持ち、宗教を客観視できる理解力を持ち、天皇や幕府の下で同胞意識を共有した先進国であったことをお話ししました。そこだけ見れば、日本はウェストファリア体制に参加することができる主権国家の要件を備えていたといえます。下関戦争（長州藩VS英仏蘭米）や薩英戦争（薩摩藩VS英）のように地方政府（藩）が列強と戦うことはあっても、ムガール帝国や清と違って日本国としては戦うことなく、植民地化を免れることができた国であることは特筆すべきことです。

江戸時代というと鎖国の印象が非常に強いのですが、江戸幕府は海外の情報をかなり正確につかんでいました。小笠原諸島の領有権を守ることができたのも、江戸幕府が国際法を武器にできたからでした。幕末から明治維新にかけての国内の内乱（戊辰戦争）に諸外国の干渉を許さなかったのも、当時の日本人が戦時国際法を理解し、その適用を諸列強に認めさせたからでした。

私はよく「鉄・金・紙」という表現を使います。「鉄」とは軍事力、「金」は経済力、「紙」は国際法や地政学を使いこなす力です。幕末に欧米諸国との関わりを持たざるをえなくなった当時の日本には、「鉄」すなわち軍事力が圧倒的に欠けていました。それでも、ムガール帝国や清と違って、国を蹂躙されることがなかったのは「紙」すなわち国際法や地政学を使いこなす力があったからです。

戦争は回避できたものの、日本は列強諸国と不平等条約を結ぶこととなり、「半文明国」に叩き落とされることになりました。それは同時に、「非文明国」の道を逃れることでもありました。

そうして時間を稼いだ日本は、「鉄・金・紙」を整えて、ウェストファリア体制の前提となる「対等」の国たらんとする道を選びます。

キリスト教国である列強諸国が「これが文明だ」と押しつける国際法を、中東のムスリムたちは否定しました。トルコやペルシャにとってキリスト教国が考え出した「国際法」を受け容れるのは屈辱です。歴史的に見れば当然の帰結といえます。

しかし、キリスト教国ではなくても、国際法のルールを受け容れ、世界一遵守し、使いこなすことができる——その道を進んだのが日本なのです。

第一次世界大戦後、日米英独ソが「真の五大国」に

列強諸国に「半文明国」の烙印《らくいん》を押された明治の日本は、不平等条約の改正に向けて動き出します。一八八九年二月十一日に大日本帝国憲法を公布、一八九四年七月十六日にイギリスとの間で不平等条約を改正することに成功すると、日清戦争、日露戦争の勝利を経て、一九一九年の第一次世界大戦後のパリ講和会議（ベルサイユ会議）に正式に大国として招かれるに至りました。大国とは、その国に話を通しておかなければ、話がまとまらない国のことをいいます。

一八一五年のウィーン会議以来、世界の五大国はイギリス、フランス、ロシア、ハプスブルク帝国（オーストリア）、プロシア（ドイツ）でした。第一次世界大戦の結果、ロシアとドイツが一時的に姿を消し、ハプスブルク帝国が完全に叩き出され、日本、アメリカ、イタリアが五大国として入れ替わります。それまでヨーロッパの国だけで構成されていた五大国に、非ヨーロッパの国のアメリカと、非ヨーロッパで非白人の国の日本が加わります。

とはいうもののイタリアが大国として扱われたのは一時的であり、ロシア（ソ連）はすぐに力を回復し、フランスはドイツに取って代わられます。

真の五大国は、日米英独ソでした。

日本とアメリカは同じ非ヨーロッパの国ですが、建国の歴史から対照的です。これまでにも述べてきたように、日本は不平等条約締結以来、国際法を遵守するウェストファリア型の国家です。

それに対して、アメリカはテロリストのような掟破りの戦い方でイギリスに抵抗した独立戦争と、総力戦思考の残虐な南北戦争を経て建国した国で、第一次世界大戦の参戦も、中立を守らず参戦するという国際法違反をやっています。日本と真逆の非ウェストファリア型国家なのです。

いま現在に至っても、アメリカは国際法を本能的には理解できていない国です。

世界の五大国に非ウェストファリア型国家のアメリカが入ったことで、一九一九年以降の世界は野蛮な歴史へと回帰し、現代に至ります。

国際連盟を支えていた日本の優秀な人材

さて、第一次世界大戦中の一九一八年にアメリカのウィルソン大統領が提唱し、一九二〇年に発足したのが国際連盟です。

ウィルソンの罪状追及に関しては人後に落ちない私も、国際連盟だけは、彼が残したものの中で唯一評価できるものだと思います。ただし、提案した当のアメリカは議会の上院が否決したため参加できませんでした。

国際連盟は、常設のヨーロッパの揉めごと解決クラブでした。一般的に考えても、揉めごとの仲裁は、双方と利害関係がない者が適任です。五大国のうち、アメリカはそもそも連盟に参加していません。四大国が常任理事国でした。

イギリスとフランスは大国ですが、ヨーロッパの国とは何かしらの利害関係を持つため、解決するどころか争いを悪化させかねません。イタリアは、名ばかり大国で力がありません。その点、非ヨーロッパ国であり、ウェストファリア型国家であること、何より、それまで世界のどの国にも負けないほどヨーロッパの文明国が押しつけてきた国際法を守ったこと、そして、鉄・金・紙すべての力を備えた大国である日本は仲裁者に最適でした。

設立当初、日本は消極的であり迷惑至極という対応でしたが、常任理事国となった日本は、国際労働機関、常設国際司法裁判所に優秀な人材を多数送り込んでいます。

安達峰一郎はたいへん尊敬されました。また第一次世界大戦期に駐仏大使や外務大臣を務めた石井菊次郎は欧州社交界では有名人です。「イシイ」という名前だけで、字も違う石射猪太郎まで恩恵にあずかったという話です。また五千円札で有名な新渡戸稲造は、初代国連事務次長と国際事務局部長を兼務。事務総長になれなかったのはタマタマの巡りあわせです。その後任に入った杉村陽太郎も、国連事務次長と政務部長を兼務して、少数民族保護問題を中心とした国際紛争の解決に尽力します。

外務本省も、優秀な人材を連盟に送り込み続けます。佐藤尚武や松田道一らは大活躍しましたし、外務省でも〝ヨーロピアン〟は優秀な人材がそろっています。

いかに日本が国際連盟に、ひいては世界の秩序に重要な存在だったか。それは日本が満洲事変、満洲国の認証問題をきっかけに一九三三年三月に脱退を決め、二年後の一九三五年に完全に撤退すると、たちまち連盟が機能しなくなっていき、形骸化してしまったことからも明らかです。

その後の悲劇はいうまでもありません。

国家には「獅子の腕力と狐の知恵」が不可欠

明治二十年（一八八七）、中江兆民が『三酔人経綸問答』を記しています。この本は、三人の酔人の議論で進んでいく形を取っています。国際法を崇拝するだけの洋学紳士君。国際社会では力と権謀術策がすべてで国際法など役に立たないと主張する豪傑君。「力」と「国際法」の中庸が肝要なのだとする南海先生。

国際法を誰よりも遵守しようとした明治期の代表的知識人の一人である中江兆民の指摘から、現代の日本人はいかほどの進歩をしているでしょうか。この三類型は、国際法を理解している人としていない人の差を如実に表します。

国際法は、「戦争を、あまりにも残酷で非道すぎるものでなくするための最低限のルール」を規定するものです。その背景には、宗教的寛容、すなわち自分とは異なる他者について「存在は認めてやる」という精神がありました。

ただし、国際法秩序を維持するためには、「最低限のルール」を遵守し、履行できるだけの実力がなければなりません。ニッコロ・マキャベリは「獅子の腕力と狐の知恵」と表現しましたが、国際法の主体となる国家として認めてもらうには、この二つとも必要です。実力がないものは、バカにされ、蹂躙されるだけです。

ウェストファリア体制の国際法秩序は、この両面から成り立っています。だからこそ、狐の知恵だけの洋学紳士君でも、獅子の腕力だけの豪傑君でもいけないのです。

古来、高い文明を誇ってきた日本人からすると、この国際法秩序は、あまりにハードルが低い基準であるように見えるかもしれません。しかしそれでも、国際社会がそのようなルールで合意したことこそ「文明」だったのです。

ところがこの「文明」を、徹底的に破壊したのが第二次世界大戦であり、その後の「野蛮」な戦後世界のあり方でした。

第2章　戦後日本の「諸問題の根源」を国際法で解く

日本はアメリカに宣戦布告する必要はなかった

第二次世界大戦とは何か。

簡単です。まず、ウィルソンが仕込んだ毒がありました（これについては後述します）。ウィルソンの意思を実行したのが、フランクリン・D・ローズベルトです。

さらにスターリンが、国際共産革命運動のために、片や自分たちに都合のいい法律や秩序は悪辣《あくらつ》に使いこなす一方で、非合法活動も躊躇《ちゅうちょ》なく行ない、スパイ活動や相手政府への浸透工作によって挑発や戦争惹起工作を繰り返したことで、戦争への気運が醸成されます。

そして、国際法破りの確信犯であるヒトラーが仁義破りと恫喝《どうかつ》と暴走を繰り返した結果、まずヨーロッパが戦乱に巻き込まれたわけです。

つまり、アメリカのローズベルトと、ソ連のスターリンと、ドイツのヒトラーが、世界の秩序を破壊したのが、第二次世界大戦です。

ここで、日本はいくつも打つ手がありました。しかし、なぜか悪手、悪手ばかりを選んでいきます。

それらの詳細については、『国際法で読み解く世界史の真実』ほか私の過去の一連の著作をご参考にしていただければありがたいですが、ここでは一点だけおさらいしておきます。

日本がアメリカに宣戦布告したのは、国際法違反でも何でもありません。それ以前にアメリカは、アメリカ国内の日本資産を凍結したり、数々の禁輸措置を行なったりしています。これは、石油など必需資源を多くアメリカに頼っていた日本にとって死活的な問題でした。相手から先に挑発され、生存権を侵されているのですから、宣戦布告することは国際法違反であるはずがありません。宣戦布告の通達が遅れたのは、あまりにお役所仕事的で愚かしいことではありましたが。

そもそも日本は、アメリカに宣戦布告する必要すらありませんでした。これも繰り返し色々な書籍で述べていますが、日本はアメリカには宣戦せずに、オランダ領インドシナ（蘭印）を占領し、ここから石油はじめ資源を確保すればよかったのです。

当時、オランダ本国はドイツの占領下でしたが、蘭印はそれまで同様、オランダ東インド政庁が支配し、英米などと結んで日本への資源輸出をしぶっていました。これも日本の生存権を侵害する行為ですから、日本が蘭印を保障占領しても侵略にはなりません。そもそもドイツ占領下のオランダは対等の国ともいえません。

ところが日本は、英米に宣戦布告するという最悪手を選んでしまいます。すると何と、オランダ（正確にいえばオランダ領東インド政庁）が日本に宣戦布告してきたのですから、まさに何をかいわんや、です。

いずれにせよ、日本は対米英（蘭）戦に突入し、そして敗北を喫するのです。そうした愚かなことをしなければ、大日本帝国は健在だったでしょう。

もし、大日本帝国さえあれば……は、いっても詮無きことです。

当然、アメリカの無差別通商破壊は国際法違反

日本の常識は世界の非常識です。では、世界の常識とは何でしょうか。

第一に「疑わしきは自国に有利に」

第二に「本当に悪いことをしたらなおさら自己正当化せよ」

日本はこの二つをやりません。その上、第三に「やってもいないことを謝るな」ということができません。

ちなみに最初に挙げた二つは外交のルールであり、肝です。国際法というのは、この二つ

をやるときに正当化するための武器なのです。

これを踏まえて、日米戦争を見ていきましょう。

真珠湾攻撃ごとき、どうでもいいことでしか国際法の議論が出てきません。では、一九四一年十二月八日以前、いくつの国が宣戦布告の手続きをしたのか。あるいは、以後に。

真珠湾攻撃の以前も以後も、「開戦には宣戦布告の手続きが必要である」などという国際法は存在しないのです。ハーグ条約などいくつかの条約で文字になっていますが、誰も守らない条約は国際法ではありません。

そんなことより、「確立された国際法規」としての国際法で日米戦争を見てみましょう。色々なことが見えてきます。

アメリカ軍が、日本に勝つために採った二大戦術があります。

一つは通商破壊です。通商破壊とは、陸に物資を届けさせないよう船舶などを撃沈することです。民間船への攻撃は当然、国際法違反となります。

アメリカは、日本が南方から資源を運ぶ船を潜水艦などで、とことん撃沈しました。日本の喪失商船数は、

一九四二年：二〇四隻

一九四三年：四二六隻
一九四四年：一〇〇九隻
一九四五年：七四六隻

です（日本殉職船員顕彰会ホームページより）。

ミッドウェー海戦が一九四二年六月、ガダルカナル島からの撤退が一九四三年二月ですから、日本が優勢ないし互角に戦っている段階においてすら、かなりの数の商船が沈められています。結果的に、対米英開戦から一九四五年八月十五日までの間に、およそ六万名もの船員が亡くなりました。

アメリカは第一次世界大戦では、ドイツから通商破壊攻撃を受けました。第一次世界大戦では当初、アメリカは中立の立場を取っていました。中立とは、交戦当事国のどちらにも協力しないことをいいます。それなのに、アメリカはイギリスに物資を送るので、ドイツはアメリカの民間船を攻撃して通商破壊を行ないました。このときは、どっちもどっちの話ですが、第二次世界大戦では違います。

アメリカが日本に対して行なったのは無差別通商破壊といえるもので、もはや国際法を意識しているとは思えません。

さらにアメリカは、赤十字船など、国際条約により保護されるべき船舶さえ、遠慮会釈なしに撃沈していきました。現在、横浜に係留展示されている氷川丸も病院船に改造された船ですが「奇跡の幸運艦」と呼ばれています。アメリカは、撃沈した船から逃れた避難用ボートにまで機銃掃射を加えており、同盟国のイギリス人捕虜を輸送中の船ですら撃沈しているほどです。

そこで、「そこに戦闘員を隠していた」など、あることないことというのがアメリカ人です。疑わしいということを自国に有利に使っています。

日本は、高陞号《こうしょうごう》事件のときの清国のような国際法違反はやりません。アメリカは、抗議を受けるたびに、兵器を積んでいた疑いがあったとか、赤十字のマークが規格外だった、暗くて見えなかったという言い訳に終始します。悪いことをしているので、なおさら自己正当化するわけです。

二発の原爆投下に至っては二重の国際法違反

二つ目は、無差別都市空襲です。アメリカが日本の本土で行なった空襲は皆さんがご存知のとおりです。日本の建物は木でできているから、焼夷弾を積極的に投下します。これは明らかに軍需施設を狙ってのものではありません。

しかも東京大空襲の折などは、あえて周囲を囲むように焼夷弾を投下してから中心部への焼夷弾爆撃を行なうなど、ただひたすらにより多くの民間人を虐殺することを目的とするような戦法を使っています。この作戦を命じたカーチス・ルメイは、人道に反することがわかっていてやっている確信犯です。

広島と長崎に落とされた二発の原爆に至っては、無差別都市空襲自体が国際法違反なのに、非人道的兵器を使用するという二重の国際法違反です。「原爆投下はソ連の介入を許さないため」と説明する本もありますが、ナンセンスです。直前のヤルタ会談でソ連の参戦を迫ったのが、アメリカなのですから。

余談ですが、ソ連はアメリカ政府にスパイを入れていますから、原爆を落とす計画があることも、もはや日本は降伏するしかないこともわかっていました。

結局、アメリカの勝利の背景には、無差別通商破壊と無差別都市爆撃という国際法違反があったのです。しかも、原爆という非人道的兵器まで使用しました。

そもそも、日本の対米開戦を挑発したのもアメリカです。

なのに、なぜ現在の日本政府は、アメリカ人の「原爆の使用も、戦争を止めるためにやむをえないことだった」などという言い訳にいいくるめられて、非道の国際法違反を告発しようとしないのか、さっぱり理解ができません。私は、〇か一〇〇かの議論には与《くみ》しません。「原爆を投下したアメリカとは絶縁すべきだ」などと主張する気は毛頭ありませんが、逆に「同盟国アメリカだから原爆を落としたのも大目に見る」などというように日和見を決め込むのも間違いだと思います。是は是、非は非ときちんと主張しなければ、主権国家たる面目も何もありません。

ここで国際法の大原則をもう一度おさらいしておきましょう。

「本当に悪いことをしたときはなおさら自己正当化せよ」

です。

二〇一六年五月に広島を訪問したオバマも、謝罪だけはしませんでした。その一方、いまだにアメリカが戦った正義は「リメンバー・パールハーバー」に持っていっているのです。日本の宣戦布告が遅れた、ただその一点で自分のあらゆる国際法違反を正当化している。そして日本人が反論しない。

日本の外交官、外交史家も含めて、いまだに日本政府も国際法を理解していません。もちろん、そういう教育がないのだから仕方がないということもあります。本書をお読みくださっている人の中には、大学で国際法の授業を取った人もいるでしょうし、法学部出身だという方もいると思います。

しかし、本書が述べているような国際法の教育は、戦中も含めて行なわれていません。第二次世界大戦で殺された民間人、非戦闘員たちは、日本人が国際法を理解できていないために、泣き寝入りすることになってしまっているのです。これは、教育の不在が生んだ功罪だといわねばなりません。

教育の不在ということでいえば、国際法の知識がないことが、日本の近代史学においても大きな悪影響を及ぼしています。

なぜ日本近代史家の多くが日本に都合の悪い事実を積極的に受け容れるようなことをいうのか、といえば、もともと、日本の近代史学会の多くの人が左翼系で占められているという問題はもちろん大きいですが、もう一つの理由として、国際法の教育が欠如していることもあるのです。

日本近代史家の場合、国際法を法学部的な学問（国内法的、法律的な学問）ととらえてしまうと、分野外と考えて、必要がないと体系的に理解しようとはしないでしょうし、そうした視点で見るものだという前提もありません。その結果、自分の専門分野だけをかじって、必ず中途半端に史料の解釈をねじまげます。

そうやって通説となったものを並べてみると、日本はとてつもなく悪い国になってしまうのです。

逆にいえば、真面目に国際法を持ち込んで学問的な議論をすると、日本を悪い国とはいえなくなるのです。だから、日本のアカデミズムは国際法を排除しているのです。

「日本は無条件降伏した」がいかにデマかを検証する

「日本は無条件降伏した」という話が広く語られています。これがいかにデマであるか、国際法に基づいて検証しましょう。

連合軍は、一九四五年七月二十六日にポツダム宣言を発します。

ポツダム宣言の第五条には「吾等ノ条件ハ左ノ如シ」とあります（外務省編『日本外交年表並主要文書』下巻、原書房、一九六六年）。「条件は以下のとおりです」といっているのに、無条件降伏も何もありません。

では、何が無条件降伏なのか。一三条に、「吾等は、日本国政府が直に全日本国軍隊の無条件降伏を宣言し、かつ右行動における同政府の誠意につき、適当、かつ充分なる保障を提供せんことを同政府に対し要求す。右以外の日本国の選択は、迅速かつ完全なる壊滅あるのみとす」とあります（カタカナをひらがなに直し、一部、漢字表記を変更し、句読点を補っています）。

つまり無条件降伏を迫られたのは「全日本国軍隊」であって、日本国ではないのです。ポツダム宣言を受諾するかどうかで御前会議が紛糾するのですが、特に争われたのが日本軍の無条件降伏＝武装解除でした。いかに条件付きであろうとも、向こうが国際法違反をしたときに止める方法がないからです。

実際、アメリカは国際法違反をやりまくりですし、アメリカ軍は「こちらも拘束される条約のようなものではない」とはっきりいっています。ソ連軍の暴虐非道は、言うに及ばずです。

ポツダム宣言は戦勝国も拘束するはずなのですが、戦勝国側のルール破りを拘束するための手段が敗戦国側にないというのは、やりたい放題が可能なのです。

国際法違反によって成立した体制が、現在まで続いている

二〇一六年八月十五日に、オバマ政権のバイデン副大統領が「日本国憲法はアメリカがつ

くった」と公言しました。大統領選挙中だったヒラリー・クリントンの応援演説での発言です。

一九〇七年のハーグ陸戦法規第四三条は「国の権力が事実上占領者の手に移りたる上は、占領者は、絶対的の支障なき限り、占領地の現行法律を尊重して、成るべく公共の秩序及び生活を回復確保する為、施し得べき一切の手段を尽すべし」と規定します。絶対的な支障とは、いまの中東のようにテロが頻発して治安秩序が保てない無法状態になっているときという意味です。

では、敗戦当時の日本はどうであったのか。

天皇陛下の終戦の詔勅（玉音放送）に日本国民はしっかりと従い、「総力を将来の建設に傾け、道義を篤くし、志操を鞏《かた》くし、誓って国体の精華を発揚し、世界の進運に後れざらむ」よう力を尽しました。日本国内の治安については絶対的な支障どころか、まったく支障がない状態です。そうでありながら、日本の法律どころか憲法を変えたというのは、一〇〇パーセント国際法違反です。

占領軍のマッカーサーは、それがわかっているので、日本から言い出したという体裁にこだわりました。これはハーグ陸戦法規に書いてあるから守らなければいけないというものではなく、文明として確立してきたものなので、破ってはいけないもの。これを守れないということは「私は野蛮人です」といっているのと同じだからです。やっていることが野蛮人なのですが、体面だけは取り繕ったというところでしょうか。

では、この憲法の押しつけも含むアメリカの占領政策は、国際法違反といえるかどうか。疑う余地もなく国際法違反です。

ではなぜ、日本人が「憲法の野蛮な押しつけ」に対して文句をいわなかったのか。それは日本国内で正しく国際法を教えなかった(教えられなかった)からです。国際法違反を占領政策(教育)で正当化することは、当然、国際法違反です。

占領軍がやったことは、南北戦争で北軍が南軍に対してしたことと何ら変わらないのです。

南北戦争のことは結局はアメリカの国内問題だと譲ったとして、では日本はアメリカにとって外国ではないのでしょうか?

「国際法違反」の最高法規・日本国憲法に、国内法、政治制度など様々なシステムが戦後整備されています。戦後すぐの裁判の多くは、法律の上に常にGHQ(連合国軍総司令部)が存在しました。いまでも、軍事的な面では国内法規よりも在日米軍のほうが上の存在です。

　つまり、国際法違反によって成立した体制が、現在に至るまで日本では続いているのです。これが「戦後レジーム」なのです。

「日本を民主化してくれたのだから国際法違反にはならないのではないか、違反でもいいではないか」という人もいるかもしれません。そういうおめでたい人には、「本当にそれは民主化であったのか、良かったという評価ができるのか」を問わなくてはいけません。

　なぜなら、占領政策というのは基本的には占領した国を良くするための策ではないからです。二度と抵抗させないよう、弱体化するために行なうものです。教科書では、占領軍は日本を民主化したと教えていますが、民主化を弱体化と置き換えると意味が通じるものがたくさんあるのです。

　私は〇か一〇〇かで考えることをしないように、ということを強調しています。それはここでも同じです。占領軍が残したものの中には本当の民主化だと思えるものが含まれていたことは否定しません。しかし、基本的には弱体化というべきです。

　そもそも、ＧＨＱの最高司令官であったマッカーサー自身が民主主義者ではありませんでした。吉田茂政権の樹立を阻止しようとして、マッカーサーが三木武夫に組閣を命じたことがありました。このとき、三木はこう言い放って断っています。

「アメリカにデモクラシーがあるのなら、日本には憲政の常道がある。誰かが命令して数の力を無理やり権力でつくって内閣を組織するなどという伝統は、わが国にはない」

蓋《けだ》し名言です。

なにしろ日本には、五箇条の御誓文を紹介するまでもなく、日本独自の民主主義の伝統があったのですから。

わが国の真の「終戦記念日」はいつか？

グロチウスが提唱した国際法の原則の中に、戦争には戦時と平和の区別があると説明しました。厳密にはもう少し区別があります。

終戦＝戦争（含・事変）そのものの終結
休戦＝戦闘の終結。全面的な終結を前提
停戦＝戦闘の終結。部分的（一時的）な終結を前提

では、わが国の終戦記念日はいつか、皆さんはご存知でしょうか。大事なことなので、最

初にきちんとした公式見解から述べておきましょう。

日本国の公式見解は、昭和二十七年（一九五二）四月二十八日です。

あらためて時系列で見ていきましょう。

よくいわれる昭和二十年（一九四五）八月十五日というのは、ポツダム宣言を受諾したことを天皇陛下が国民に「玉音放送」でお伝えになった日です。この日で戦闘が終わっていたらよかったのですが、前節で述べたように満洲や樺太、千島列島ではソ連軍が侵攻し、過酷な戦いになりました。ですから、八月十五日は「敗戦記念日」であって、終戦記念日ではありません。昭和天皇の御聖断を褒めたたえるための政治的用語としては構いませんが、国際法とは関係がありません。連合国に受諾を伝えたのが停戦の意思表示、十五日に停戦の意思表示を公開したことになります。

次に、昭和二十年九月二日です。この日は、休戦協定（停戦協定）の調印式をミズーリ号で行なった日です。ここで休戦です。とはいうものの、実行はされていません。特に、ソ連はまだ戦闘をやめていません。完全な条約違反ですが、ソ連は「わが国は調印していない」という立場です。

なぜ、九月二日が終戦記念日だという話が広まっているのかというと、連合国がそう決めているから、連合国側の公式見解となっているからだといいます。学界でもとある歴史学者の先生が「八月十五日は終戦ではない」とおっしゃったので、「まともだ!」と思ったら、「九月二日が終戦だ」といっていたので非常にがっかりしたものです。ソ連のような日本と交戦している国以外の連合国は、この日を終戦ととらえる傾向があります。これは「戦争とは、実際に戦っている実態があること」だとこだわっているからです。これを「実態説」と呼びます。しかし、それならば、トルコのように日本に対して宣戦布告だけして一切の戦闘をしていない国はどうなるのか、この説では説明がつかないのですが。

もう一つ、重要な論点があります。日本の降伏受諾後、米軍を中心とする連合軍が日本を占領しました。その間、連中がやったことは占領行政と呼ばれます。では、占領行政は平和な期間の出来事なのか。

違います。あくまで休戦期間中なので、戦時です。占領行政は戦争行為です。日本国憲法制定や東京裁判、公職追放・財閥解体・言論の自由の統制などなど、すべて戦争行為です。この意味でも、八月十五日は終戦でも何でもありません。

では、日本国の公式見解となっている一九五二年四月二十八日とは何の日か。前年九月八日に吉田茂らがサンフランシスコで調印したサンフランシスコ平和条約が発効する日なのです。宣戦布告で始まって講和条約発効で終わるのが戦争であるという文明国の通義に従っているのです。

戦争とは何か。「法的状態説」は「宣戦布告で始まり、講和条約締結で終了する、主権国家間の儀式」と定義します。法的状態説は、グロチウスやウェストファリア会議以降の伝統国際法の考え方です。すべての近代国家が受け容れていました。

ところが国際連合憲章は「宣戦布告」を違法化した。だから、一九四五年にトルコなどが行なった対日宣戦を最後に、宣戦布告を行なった国はありません。

近代で主流の法的状態説が、現代では実態説に取って代わられたわけです。その意味は本書でおいおい説明するとして、ここでは日本が現代の主流に背を向け、伝統国際法を墨守している近代国家だということを押さえてください。

つまり、日本国というのはいまだに徹底してウェストファリア型の国なのです。

現代、第二次世界大戦の日本の敵国のほとんどすべての国が九月二日終戦史観を採っています。彼らがそれをいうのは勝手です。

しかし、わが国の人間がわが国の公式見解を捨て、外国の歴史観に迎合して、九月二日を終戦記念日だという必要があるでしょうか。私は、ないと断言します。

「紙切れ」よりも「自力救済」のほうが上

ここで少し横道にそれます。国際法とはどんなものかをご理解いただく、挿話をします。

一九四五年八月九日、ソ連が一方的に日ソ中立条約を破棄し、満洲・内蒙古を侵略します。このとき、内蒙古を守る駐蒙軍の司令官だったのが根本博中将でした。

そして八月十五日に日本がポツダム宣言を受諾すると、「武装解除」をしなければならなくなります。しかし、根本中将は武装解除を拒みます。

以下、小松茂朗『四万人の邦人を救った将軍―軍司令官根本博の深謀』（潮書房光人社、二〇一五年、旧題『戦略将軍根本博―ある軍司令官の深謀』一九八七年）に則して記します。

まず根本中将は、玉音放送の直後、現地のラジオ局から自ら次のように放送します。

〈さて、われに利あらず、戦いに負けて降伏することになっても、私も私の部下将兵も健在である。私の命令のない限り、勝手に武器を捨てたり、任務を放棄するような者は一人もいないので、疆民および邦人は決して騒ぐ必要はない。

私は上司の命令と、国際法規にしたがって行動するが、わが部下および疆民、邦人の生命

は、私の生命を賭けて保護する覚悟である。駐蒙軍の指導を信頼し、その指示にしたがって行動されるよう切望する〉

もちろん、ソ連軍は日本の降伏を知っても攻撃をやめません。

ちなみに、当時、満洲にいたうら若き日本人女性の多くは、ソ連兵に凌辱されるか自決するかのいずれかを選ばねばならぬような過酷な運命に直面し、多くの邦人が地獄の運命に叩き落とされています。内蒙古・察南自治政府の首都であり、駐蒙軍の司令部がある張家口には四万人の在留邦人が集結しています。明日はわが身です。

この状況下、根本中将はソ連軍による武装解除に応じず、戦いを続けます。ソ連軍からは、

〈「日本は周知のごとく降伏した。関東軍は日本天皇の命令にしたがい降伏した。にもかかわらず、張家口方面の日本軍指揮官だけが、天皇の命令にそむいて、戦闘をつづけているのは許せぬ。ただちに降伏せよ。もし降伏せずに今後もなお戦闘をつづけるならば、その指揮官は戦争犯罪人として死刑に処すほかはない」〉

という内容のビラが散布されます。しかし、根本中将は駐蒙軍の参謀たちに宣言します。

〈私を戦犯人にしようなどという考えは笑止のかぎりである。私が戦死したら、戦犯人にしようとしても、目指す当人がこの世に存在しないのだから、どうしようもないであろう。もし諸君の中に躊躇《ちゅうちょ》する者がいるならば、私自身が丸一陣地に赴いて、ソ連の軍使を追い帰そう。もしそれが不可能ならば、敵装甲車に体当たりして死ぬだけのことだ〉

根本中将は日本陸軍の支那派遣軍総司令部にも次のような電信を打っています。

〈ソ蒙軍（引用者注：ソ連軍とモンゴル人民共和国軍）は、延安（中国共産党）と気脈を通じ、重慶（国民党）に先立って張家口に集結し、その地歩を確立せんがため、相当の恐怖政策を実施せんとしあるがごとし。

撤退に関しては、重慶側の傅作義は張家口の接収を提議しきたり、日本人の生命財産を保護すべきも、もし延安軍またはソ蒙軍らに渡すならば、その約束は守り得ずと申しあり。

本職は傅作義の申し入れに応じ、八路軍（中国共産党軍）およびソ蒙軍の侵入は、敢然それを阻止する決心なり。たとえ逆賊といわれようとも戦うつもりである。その決心が国家の大方針に反するならば、ただちに本職を免ぜられたし〉

日本人の生命財産をソ連軍や中国共産党軍に渡してしまったら、「彊民、邦人の生命は、私の生命を賭けて保護する」という約束を守れない。それゆえ断固戦い、敵の侵入を阻止する――。

そして、根本中将率いる駐蒙軍は幾度も白兵戦を繰り返します。八月二十日までに邦人を移動させ終えた後、二十一日にようやく駐蒙軍に撤退命令が出されるのです。

この根本中将の行為は国際法違反でしょうか。

そこで負けたときに、根本中将が死んでお詫びすれば許されるかどうかというのは別の話です。もし、「日本がポツダム宣言を受諾した」という「紙切れ」を重要視するならば、有無をいわさず戦闘停止と武器引き渡しをすべきだということになります。

しかし、国際法においては、「紙切れ」よりも「自力救済」のほうが上なのです。なぜなら、国際法は「強制法」ではなく「合意法」だからです。

ソ連が国際法を無視し破った場合、ソ連を罰してくれる存在はありません。自分で自分の身を守らなくてはならないのです。この場合のソ連は、強制法を破っているのではなく、合意法を無視しているわけです。だから国際法は自力救済を前提としているのです。

生き延びるには勝つしかない。このときの状況では根本中将率いる駐蒙軍は、侵攻してきたソ連軍と比較すれば明らかに劣勢でした。しかし、ほんのわずかでも自分の愛する人や守るべき人を救える可能性があると信じて戦い抜いたのです。

そしてげんに、駐蒙軍はポツダム宣言受諾後にもかかわらず敢然と戦い抜き、多数の戦死者を出しながらも、内蒙古の邦人を守りきってみせました。他の国なら男が逃げても非難されないのですが、日本では断固戦い抜いて、死ぬものという価値観です。

歴史や大局観を含めたリーガルマインドを

読者の皆さんの中には、歴史好きで本書を手に取った方も多いと思います。だからこそ、国際法について、しっかりとした基本知識を身につけていただきたいと思います。国際法を身につければ、歴史学の素養も上がりますので。

そもそも非戦闘員を殺害するのは、国際法違反です。まして「玉音放送」で敗戦を受け容れる表明があった後ですから、なおさらソ連のしたことは文句なく国際法に違反します。もちろん、ソ連はそれをわかっていて実行する国です。

一九四一年の開戦当初は日独に対して劣勢だったアメリカとソ連は、一九四三年を過ぎた頃から優位に立ち、戦いはワンサイドゲームの様相を呈するようになります。

勝ち戦になってからのソ連（ロシア）のやりたい放題は、常習犯です。東ドイツに入ったときもソヴィエトの戦闘員はドイツ人女性を強姦しまくり、満洲にいた日本人女性同様、ベルリン女性の約半数が中絶もしくは自決を強いられることになりました。

ソヴィエトだけではなく、アメリカ軍がノルマンディー上陸作戦でドイツ占領下のフランスに攻め込んだときも、同盟国であるはずのフランス人女性への強姦事件が多発します。正義のアメリカ兵が助けに来て、みんなが歓呼で迎えたなどというのは、神話です。

いま現在、どこの国でも、刑法という強制法が整備されていますが、強姦事件も、殺人事件も根絶できていません。国内法は自力救済を取り上げたので、実際に殺されそうになったときに返り討ちにすると、逆に殺人罪に問われてしまいます。国内法がこれを許さないのは、国内の治安維持という目的があるからです。

ただ、とっさに身を守るために行なった行動が相手を傷つけたときに、「正当防衛」や

「過剰防衛」という概念で刑を軽くするのは、自力救済を取り上げた場合に起きる弊害に対してバランスを取るための「救済措置」です。

国内法ですら犯罪を根絶できないことを前提につくられているのです。刑法があるから殺人や強姦がなくなることはありません。国際法はなおさらです。国際法は、国際法違反をする者がいるという前提でつくられているのです。

国際法を理解するには、これまで述べてきたような歴史や大局観を含めたリーガルマインドが要求されることになります。こうした事例を通じて、強制法と合意法の違いや自力救済をどう認めているかを考えてみると、考え方の枠組みが少し広がってくるのではないでしょうか。

国内法の成文法の理解にとどまったリーガルマインドというのは、「法」という大きな氷山の一角を観察するようなものです。国際法の理解が求めるリーガルマインドというのは、氷山をたたえる海のような広がりがあります。

「対米英開戦の詔書」の作成者は誰だ?

わが国は、いまだに歴史問題で苦しめられています。だからこそ国際法の重要性を私は説き続けてきました。実は、日本には国際法と同時に使うべき必須の武器が欠けています。文書学（＝アーカイブ）です。

重要な事例を挙げましょう。

「昭和十六年十二月八日の詔書」という文書があります。いわゆる「対米英開戦の詔書」です。この作成者（作成部局）は、誰でしょうか？

これは、対米英開戦の責任が誰にあるのかという問いに答えるのに、避けて通れない重要な問題です。

詔書とは、天皇の名前で出される「国務」に関する最も重要な命令書です。

戦前は、宮中と政府（府中）は互いのことに口を出さない、「宮中・府中の別」という原則がありました。国務を行なうのはあくまでも「政府の責任」ですから、宮中の人間は作成者となることができません。ここで、天皇、そして天皇の玉璽《ぎょくじ》を管理する内大臣（当時は木戸幸一）は選択肢から消えます。

そこで、政府の誰か、どこかになるわけですが、総理大臣（当時は東條英機）単独でもありません。大日本帝国憲法第五五条第二項は「国務ニ関スル詔勅ハ国務大臣ノ副署ヲ要ス」と定めており、伊藤博文は『憲法義解』で国務大臣の副署がない詔書は無効という解釈を明言しています。これは実務において有権解釈でした。しかも「対米英開戦」という重大な決断ですから、国務大臣全員の副署が必要になります。よって、この詔書の作成を行なったのは「内閣」が正解です。

よく左翼は「天皇に日米開戦の戦争責任がある」と主張します。本当にそうなら、国立公文書館に保存されているこの詔書の作成者は天皇でなければなりません。左翼は論外としても、保守側ですら、「この詔書の作成部局が内閣であることをひっくり返す根拠があるのか」という議論をしている人を私は一人も知りません。

公文書でも私文書でもよいのですが、実用として何かに文字で表したものがつくられます。文書学では、最初に「いつ（作成日時）」「誰が（作成者・作成部局）」「誰に（宛所）」「どのような（様式）」を確認して文書名をつけ、次に「どのようにして、いまに伝わるのか（伝来の素因）」を検証して本物であると確定します。このように文書名をつけて整理をすることをアーカイブ＝文書管理といいます。

整理され保存されていれば、出所に当たることができるので、科学としての再現性があります。歴史学においてこの前提があることが、イデオロギーに関係なく、話をするための共通のルールにできるわけです。

史料に書かれてある文字を読み込むのは、その後です。まともな歴史家は、全員が文書学の知見を有しています。

『昭和天皇独白録』の内容を論じる前に「真贋」を語れ

さて今度は、どのようにしてその文書が、いまに伝わったかという「伝来の素因」から『昭和天皇独白録』（文藝春秋、一九九一年、文庫版は同社より一九九五年）を見てみましょう。

『昭和天皇独白録』は、ご存知の方も多いでしょう。一九九〇年十二月号の『文藝春秋』誌に全文発表され、「昭和天皇の真意がわかる記録」として大いに話題になったものです。この号の『文藝春秋』の販売部数は一〇〇万部を超えたといわれます。

いま広く知られている『独白録』は、寺崎英成の遺品から見つかったものだとされています。寺崎英成は、日米開戦時に在アメリカ日本大使館で一等書記官を務めていた人物で、終戦後には終戦連絡中央事務局の配属に、さらに昭和二十一年二月には宮内省御用掛となって、昭和天皇の通訳官やＧＨＱとの連絡などを行なっていました。昭和二十六年（一九五一）八月二十一日に亡くなっています。

『独白録』の作成経緯は、同本文中に次のように書かれています。

〈三月十八日（月）　午前十時十五分より午后〇時四十五分迄
〃　廿　日（水）　午后三時より五時十分迄
〃　廿二日（金）　午后二時廿分より三時卅分迄
四月　八日（月）　午后四時卅分より六時迄
　　　　　　　　更に夜に入りて八時より九時迄の二回

合計五回、前后八〔ママ〕時間余に亘り大東亜戦争の遠因、近因、経過及終戦の事情等に付、聖上陛下の御記憶を松平宮内大臣（慶民）木下侍従次長（道雄）（藤田侍従長は病気引籠中）松平宗秩寮総裁（康昌）稲田内記部長（周一）及寺崎御用掛（引用者注：英成）の五人が承りたる処の記録である、陛下は何も「メモ」を持たせられなかつた

前三回は御風気の為御文庫御引籠中特に「ベッド」を御政務室に御持ちしなされ御仮床のまゝ御話し下され、最後の二回は葉山御用邸に御休養中特に五人が葉山に参内して承つたものである

記録の大体は稲田が作成し、不明瞭な点に付ては木下が折ある毎に伺ひ添削を加へたものである

昭和廿一年六月一日

本篇を書き上ぐ〉

まともな文書学の知識があれば、「独白録」など史料としては眉唾だという扱いで検証しなければならないとの勘が働くものです。

まず、この記録は、メモをお持ちではなかった昭和天皇の御記憶を松平宮内大臣らの五名が聞き、稲田内記部長が記した記録であると書かれています。しかもそのうち三回は、昭和天皇は高熱にうなされてベッドの中にいらっしゃる状態でした。

まず、その時点で、昭和天皇の御発言に証拠能力があるといえるのか疑問が生じます。誘導尋問のようなことがあったか疑いを持つべきです。

しかも、これは写しです。正本があるといわれていますが発見されていません。凡例によれば「これは欄外に寺崎用箋とある特注の便箋に百七十枚にわたって書かれていたもの」ということです。先の引用部分には「記録の大体は稲田が作成し」とありますが、それがどのような経緯で「寺崎用箋」に書かれることになったのかもわかりません。

同書の「文庫本のためのあとがき」には、この聞き取りに参加していた木下道雄侍従次長の『側近日録』に関係文書として収録されている文書の一つが紹介されています。これは、『昭和天皇独白録』の冒頭部分と同じ趣旨でありながら、より詳しく、しっかりした文章です。こうなると寺崎文書と木下文書の関係がどのようなものなのか、ますます謎は増します。

まともな歴史学ならば「本当に、ここに書かれているような会合が行なわれたのか。その場での昭和天皇や出席者の状況はどのようなものだったのか。そのような会合が行なわれたとして、その折の昭和天皇のお話は、正確に歪みなく記されたのか。さらに正本があって、寺崎文書が写本だとするならば、本当に正確に写されたのか」というようなことも検証されなければなりません。

ところが、こういう文書が公開されると、すぐに「昭和天皇がこういうことをおっしゃった、おっしゃらなかった」というコンテンツの議論が始まってしまいます。文書学を知っていれば、「まず、この文書が本物であるかどうか。さらに、この文書が、真に昭和天皇のご意向を漏らさず歪みなく記したものであるか。それを証明してからにしてください。内容を論じるのはその後です」といわなければならない話です。そうでなければ、何を論じても意味はないのです。

日本近代史においては、内容（コンテンツ）の議論は汗牛充棟ですが、様式（フォーマット）の議論は砂浜の指輪のように探さねばなりません。

文書学がわからなければ勝負にならない

日本の歴史学では古文書学が発展しました。古文書に骨董《こっとう》的な価値がついて真贋《しんがん》鑑定の必要があったからです。古代に定められた律令で、すでに文書偽造が罪と定められていたくらい、昔から裁判の証拠として文書の真贋鑑定の必要があったことからも独自の発展を遂げています。

古代史から中世史までの研究者は、専門となる時代の古文書を「すべて読む」ことがスタートです。当然、崩し字を読めることが技術としては必要になりますが、それ以上に史料を自説の根拠として使うため、古文書学として発展しているフォーマットのルールを知っていることが必要になります。だから、歴史学者を名乗るには「文書学」を修めていることが絶対に必要なのです。

ところが、近代史家になるとそれがなくなってしまいます。たしかに古代史や中世史は、現代まで残されている文書はある程度限られていますから、「すべて読む」ことが求められるのですが、近代以降になるとあまりにも文書が多すぎて、すべて読むことなど物理的にも不可能です。逆にいえば、だからこそ歴史の専門家を名乗るならば、「文書学」の知識を身につけて、どの文書が第一級で、どれがガセネタなのかも含め、判断できる眼を養わなければいけないはずなのです。

ソ連崩壊後、ノモンハン事件に関しての史料が公開されましたが、そのときにロシアは国立公文書館の館長を出してきました。彼はノモンハン事件に関してロシアの最高の歴史学者です。ところが日本側で対応したのは作家の半藤一利さんです。

たしかに半藤さんは生存者の話などを直接取材し、様々な史料にも目を通されて、ノモンハン事件に関して日本で一番詳しいのかもしれません。しかし、半藤さんは残念ながら、いま述べてきたような趣旨での「文書学」を専門的に学ばれていません。とすれば、歴史学という土俵でいえば、武器も持たないまま戦に出向くようなものになってしまうのです。かといって他の人、ナントカ大学の教授を出していっても、半藤さんと代わり映えがするとも思えませんが。

せっかく、わが国には歴史学の蓄積があるのに、近代史の議論において文書学の議論がなされないのは、もったいないことこの上ない。

日本は、これだけ歴史問題で苦しめられているのですから、自らの持てる武器を活用すべきです。

国際法とは歴史です。国際法を武器にして戦おうというのなら、歴史学として戦う武器である文書学がわからなければ勝負になりません。

歴史問題解決のため「アジア歴史資料センター」にもっと予算を！

歴史問題といえば、従軍慰安婦が常に話題になります。これも日本近代史における、文書学の貧困が課題です。

平成二十六年（二〇一四）五月二十八日の衆議院予算委員会で、当時、日本維新の会にいらっしゃった山田宏さんが慰安婦問題に関連して、大略、次のような質問をしています。

〈アジア歴史資料センターは、村山談話の後にできました。今後、日本の歴史資料をどんどんオープンにしていこうということでできたのです。そして、国立公文書館、外交史料館、防衛研究所の大量の歴史文書を順次インターネットに載せていくという作業をしています。

ここで「慰安婦」と検索すると、八件ほどしか出てこない。何千も何万も資料があるのに、慰安婦というとそれしかない。

どんなものが出てくるかというと、たとえば「重大なる軍紀違犯事項報告」というものが出てきます。要するに、伍長が慰安婦に会いたくて無断出張したということを東條英機陸軍大臣に報告している文書なのです。慰安婦に会いたくて自分の仕事をほっぽらかして遊びに行ってしまった。そして雨が降って帰れなくなった、けしからぬ、こういう内容なんですね。こういうものしか出てこないのです。

こういった状況の文書は山のようにあるはずです。このような文書の検索や公開がもっともっと行なわれて、世界中のあらゆる人たちが慰安婦の問題について研究するときには、このアジア歴史資料センターから資料を取り寄せてやれるようにしていけば、歴史家が判断をしやすくなるのです〉

私もこのアジア歴史資料センターで働いたこともありますので、この論点の重要性は、つとに指摘してきたところです。韓国が「慰安婦は、日本軍の関与の下に強制連行された性奴隷だ」と主張してきたとしても、文書学をもってすれば、「出てきた文書の数も少なく、しかも内容がこの程度ですから、韓国が主張するような意味で『軍の関与』を認めろといわれましても」ということなのです。

日本が本当に慰安婦問題を解決させたいのであれば、日韓合意で拠出した額の半分の五億円の予算をアジア歴史資料センターにつけて、公文書の整理を進めるほうが合理的だと思います。

このような議論に、近代史の学者や論壇で歴史問題を論じている人は、まったくついてくることができません。逆に、企業の経営者とかで歴史に興味を持っている人のほうが理解できるようです。

慰安婦問題というのは、東京裁判で「お前は人殺しだぞ」という入れ墨を入れられたうえに、「お前は強姦魔だぞ」という入れ墨を入れられたようなものです。しかも、いずれも嘘だらけの罪状について。

そしていまや、入れ墨を消そうと手術をしようとしたら、平和の敵だとリンチされているような状況にあります。「私、そんな悪いことしてないんです」と訴えても、戦争に負けたことでつけられた傷を消すためには、とにかく日本が公文書の整理に力を入れ、さらに真の大国に返り咲くしかありません。

日本が「航行の自由作戦」に参加してさえいれば……

二〇一五年十二月二十八日の慰安婦問題日韓合意というものがありましたが、なぜこのようなものを日本は迫られたのか。私は、もし日本が、二〇一五年十月から行なわれた南シナ海における「航行の自由作戦」に参加していれば、そんなことを迫られることはなかっただろうと考えます。

二〇一五年十一月六日の『朝日新聞』が、「南シナ海、日本も渦中に　対中国の航行作戦、米が事前に示唆」と題する記事を載せています。同年六月中旬、自衛隊トップの河野克俊統合幕僚長がハワイの米太平洋軍司令部でハリー・ハリス司令官と会談した折に、「南シナ海で米軍が実施する共同訓練や多国間演習に、自衛隊も参加するよう持ちかけた」のだという内容です。しかし、日本はこれを断ってしまいます。

同年十一月十九日の日米首脳会談でも、安倍晋三首相はオバマ大統領に、南シナ海での航行の自由作戦を支持するとしながらも、自衛隊派遣については「日本の安全保障に与える影響を注視しつつ検討する」と述べるにとどまりました。アメリカとしては、ぜひ日本に参加してもらいたかったのですが、日本は蹴ったのです。公明党が反対したとか、財務省が予算を出さなかったなどとささやかれますが、さて。

いずれにしても、「参加する」という英断を下していれば、アメリカは日本を立ててくれたことでしょう。しかし、いい顔をするだけして何もできない人は、ただ冷遇されるだけです。アメリカから「だったら金でも払って慰安婦問題を決着して、韓国と仲良くしろや」といわれても、日本は反論することさえできませんでした。軍役を果たさなかったから、矢銭を課せられたと理解すると、実にわかりやすいです。

国際法には歴史的に「王様どうしの仁義＝王際仁義」の性格があります。もっと乱暴な言い方をすれば、「ヤクザの仁義」としてなら理解できる国もあります。日本がアメリカにきちんと仁義立てすれば、アメリカも仁義を返したことでしょう。しかし、日本が口先だけでお茶を濁したので、「ならば、チンピラとでも盃《さかずき》を交わしておけや」といわれてしまったのです。

そして日本は、「慰安婦問題は、当時の軍の関与の下に、多数の女性の名誉と尊厳を深く傷つけた問題であり、かかる観点から、日本政府は責任を痛感している。安倍内閣総理大臣は、日本国の内閣総理大臣として改めて、慰安婦として数多《あまた》の苦痛を経験され、心身にわたり癒《いや》しがたい傷を負われた全ての方々に対し、心からおわびと反省の気持ちを表明する」とまでいわされて、慰安婦といわれる人々に一〇億円ものお金を支払うことで、「最終的かつ不可逆的に解決されることを確認し、今後、国連等国際社会において、本問題について互いに非難・批判することは控える」と合意することになったのです。

では、一〇億円を支払ったことで歴史問題は解決するかというと、いまになってますます明らかなように、韓国はそんなことで解決する気はさらさらありません。日本からすれば、いい面汚しです。

日韓合意というのは、一度も仁義を守ったことがないチンピラとの盃です。チンピラは韓国のこと、盃とは日韓合意のことです。仁義というのは国際法のことです。

もし、安倍政権が海上自衛隊を南シナ海に派遣していたら、こんな話が出ることはなかったでしょう。

戦後日本の「国連信仰」がいかにバカげているか

さて、時系列を当時に戻しましょう。

一九四五年十月二十四日に国際連合が発足しました。ヨーロッパの揉めごと解決クラブであった国際連盟は、日本が脱退すると形骸化して機能しなくなっていましたが、国際連合に置き換わる形で解散します。

日本語では「国際連合」と称する機関ですが、英語では「United Nations」という名称です。第二次世界大戦で戦勝国となった国の同盟（＝連合国）を指す名称です。中国語では直截に「联合国」（联は日本語の漢字では「連」にあてがわれる）と表します。

ちなみに「国際連盟」のほうは、英語では「League of Nations」といいました。

最近でも、かなりの日本人が、国際連合はあたかも平和を実現してくれる理想の機関であるかのように信じている節があります。いわゆる「国連信仰」です。しかし、実態はそんなものではありません。それは、国連の常任理事国を見ればわかります。

南北アメリカ大陸代表のアメリカ、英連邦代表のイギリス、ヨーロッパの代表としてフランス、ユーラシア大陸代表のロシア（当時はソヴィエト連邦）、アジア代表として中華人民共和国（当時は中華民国）の五カ国です。

ここで、地政学の用語を交えて国連を見てみましょう。

まず、国連安全保障理事会の常任理事国の五カ国は「大国＝パワーズ」です。何か国際的な物事を決めるときに、必ずご意向をうかがわねばならない国のことです。その中にヘゲモン（覇権国家）があり、それに対するチャレンジャーがいて、常に勢力均衡が発生しているのが国際政治です。

国際連盟時代の日本は大国でしたが、第二次世界大戦後、地図から消えました。現在でも、経済力はあるものの、実態としては「場＝シアター」の背景的な存在でしかないということが、ままあります。アメリカの占領が解けても、アメリカの属国すらまともにやっていないからです。「場＝シアター」とは、文字どおり「舞台」のことです。舞台の上でセリフを叫び、主張ができるアクターになれるのが主権国家です。

「国連とは、警察や裁判所のような、すべての国に対する強制力を持ったアクターだ」とイメージしていることが、多くの日本人の国連信仰の誤解を生んでいるのかもしれません。しかし、国連そのものはシアターにすぎません。国際連盟はいわば「常設ウィーン会議」のようなものでしたが、国際連合もそれ以上のものではないのです。

国連発足までに、参加加盟国は五一カ国に上りました。説明したように第二次世界大戦時の連合国＝国際連合ですから、その構成国は日独伊はじめ枢軸国に参戦した国々であり、それにより、日本は法的にはすべての加盟国と戦争状態にあったことになっています。

もちろん実際に砲火を交えたのは、一〇カ国もありません。戦争状態にあるかどうかは、事実に即した「実態説」ではなくて、交戦の事実に加え、宣戦布告があるかどうかの法的状態説でなければ説明できません。

グロチウスが提唱した原則である「戦争には平時と戦時がある」、この区別をつけるのが宣戦布告です。この場合は、宣戦布告はしているけれども交戦はないという状態も、法的状態においては戦争状態ということになります。その最後の事例となったのが、この対日宣戦です。

ちなみに、平成二年（一九九〇）六月十一日、日本の国会の安全保障特別委員会で故・中川昭一氏が、「この敵国という現在も生きておりますこの国連憲章にある言葉、これは一体どの時点でどの国を当時指していたのか」と質問をした際、外務省国際連合局長の赤尾信敏氏は、「これは今御指摘の（国連憲章）五三条及び一〇七条に規定されておりますように、第二次世界大戦中に憲章のいずれかの署名国の敵国であった国を指すというふうに私たちは解釈しております。具体的には日本ですとかドイツですとかイタリア、ブルガリア、ハンガリー、ルーマニア、フィンランドでございます」と答えています。

敵国条項を本当に廃止するには三分の二の賛成多数が必要です。敵国条項の削除を求める決議案が一九九五年に日本やドイツなどから出され、国連総会で圧倒的な賛成多数で採択されてはいますが、いまだに敵国条項そのものは残っていることを忘れてはなりません。

国連は頼るものではなく、自分が強くなって使う道具

第二次世界大戦は、第一次世界大戦以上に国際法違反、総力戦思考型の戦争が行なわれました。そのことは前述したように、アメリカが日本に対して行なった国際法違反の本土攻撃だけを見ても明らかです。

対日参戦を決めたフランクリン・D・ローズベルトは交戦中から、日本が二度と大国として復帰できないような占領政策を計画している徹底ぶりです。一方で、国際連合をつくるときにはスターリンに譲歩の連続です。イギリスのチャーチルは苦々しく横目で見るだけで、手も足も出ませんでした。

ローズベルトが率いる当時のアメリカ政府の要人の中に、数多くのソ連共産党のスパイや工作員がいたことは、ヴェノナ文書など多くの新史料の解明が進み、徐々に真相が明らかにされつつあります。アメリカは自ら秘密外交の禁止をいっておきながら、米英ソの三カ国だけでヤルタ会談を行なって、国際連合発足の準備を進めます。

国際連盟は「仮面をつけた大国主義」、国際連合は「仮面を剥いだ大国主義」だといわれます。五大国が国連安全保障理事会（安保理）の拒否権を握っているからです。

安保理は国際連合の集団安全保障システムの要です。安保理は、平和に対する脅威、平和の破壊または侵略行為の存在を認定し、国際の平和と安全を維持・回復するための強制措置を発動する権限を持っているからです。

安保理は常任理事国五カ国、非常任理事国一〇カ国の合計一五カ国から構成されますが、議決は一五カ国中、九カ国の賛成投票によって成立することになっています。ところが常任理事国のうちの一国でも反対したら結局、不成立になると決められています。これが「拒否権」です。

常任理事国が紛争当事者であった場合は棄権しなければならないことになっていますが、そうでなければ一国だけの反対で、国連は何の機能も果たせなくなります。実際に、とりわけ冷戦真っ最中の期間は、米ソが対立していたので、安保理はほとんど何の役にも立っていません。

「国連軍」なるものが結成された例外的なケースが一九五〇年の朝鮮戦争です。当時、ソ連は、「常任理事国を中華民国から中華人民共和国に代えるべきだ」と主張して安保理の出席ボイコット戦術に打って出ていました。そこでアメリカが緊急動議を出して、国連軍の派遣を決めたのです。

もっとも、当時のソ連の指導者スターリンがわざと安保理を欠席して、国連軍が結成されるのを邪魔しなかったという史料も出てきています。北朝鮮が韓国に攻め込んだ二カ月後の一九五〇年八月、スターリンがチェコスロバキアのクレメント・ゴットワルト大統領に打電した「欧州での社会主義を強化するための時間稼ぎのために、アメリカをアジアの戦いに引き込んだ」という内容の極秘電文が、韓国人研究者によって明らかになったのです。いずれにせよ、現在も韓国に「国連軍」が駐留しているのは、このときの名残です。

日本は、一九五六年に八〇カ国目の加盟国として認められました。国連に入ること自体は、おつきあいですからいいでしょう。しかし、国連常任理事国の五カ国中、アメリカ、中国、ロシアの三カ国が日本の周辺諸国だという地政学的な要素を考慮するなら、国連をありがたがって「国連中心主義」などといった議論を展開するのは、あまりにバカげているとしかいえません。

国連はシアターであって、アクターではありません。しかも、わが国に敵対的なシアターです。

国連は頼るものではありません。自分が強くなって使う道具にするしかありません。

「決闘」が全部「ケンカかリンチ」になった

人類の歴史で、地球規模の天下統一ができたことはありません。モンゴル帝国は惜しいところまでいきましたが、モンゴル人の相続の習慣が分割相続だったこともあって、結局、世界統一は成し遂げられませんでした。

国際法というのは、世界に統一政府がないことを前提としたものです。国際法のタカ派の人でも、口では「いまは世界政府ができるための過渡期で……」というようなことを唱えつつ、そんなものができるのは人類最後の日の前日くらいだろうという冷めた眼で見ているものです。

世界のまっとうな国際法学者は、それぞれの国のナショナリズムを前提とするインターナショナリズムを考え方の基調に置いています。国際社会という主権国家が並立した中で、自国の国益を追求するために国際法を武器として使っていかなければならないという考えです。

ところが、日本の国際法学者は勝手に「全世界がすでに一つである」と発想するコスモポリタニストが多く、コスモポリタニズムとインターナショナリズムとが違うということを理解できていません。

私が尊敬する国際法学者の佐藤和男先生は「戦争は『文明的な、いいこと』なのです。戦争はこの世で最も悲惨なことではありません」とおっしゃって聴衆の度肝を抜いたことがありました。左翼はすぐこういう言葉の揚げ足を取って「『戦争はいいことだ』などというのはケシカラン」と騒ぎますが、では、この世で一番悲惨なこととは何でしょうか。

一九四五年十月二十四日に発効した国連憲章は「戦争」を根絶しました。それまで、国際法というルールを前提に合法化されていた「戦争」を違法化したのです。その結果、「戦争」は根絶され、すべて「紛争」になりました。

一見、いいことのように見えます。しかし、言い換えてみましょう。これはつまり、それまで「決闘」だったものが、全部「ケンカかリンチ」になったということなのです。決闘には厳しいルールがあります。しかし、ケンカやリンチにそんなものはありません。何でもありです。

ケンカとリンチの違いは、力が拮抗《きっこう》していたらケンカ、一方的だったらリンチです。ルールに基づく決闘を根絶した結果、ケンカとリンチだけになったことは、素晴らしいといえるのでしょうか。

これを私は、「近代の文明を捨てて、現代が野蛮になった」といっているのです。繰り返し問います。この世で一番悲惨なこととは何でしょうか。本当に「戦争」でしょうか。他にないのでしょうか。

宣戦布告で始めると「戦争」になり、違法行為にされてしまうので、宣戦布告をしなくなりました。宣戦布告がないということは、いつ始まって、いつ終わるかという「平和と戦争のけじめ」がなくなることです。誰が敵で、味方で、中立なのかの区別もなくなるということです。戦闘員・非戦闘員の区別もつかなくなります。

戦前の日本では、宣戦布告のない武力衝突を「事変」といいました。北清事変や満洲事変などがそれです。では、戦前の事変といまの紛争とは、どう違うのか。実はまったく同じです。国連憲章発効以降に起きた「〜戦争」と呼ばれているものは、正確にはすべて「事変」です。

一九五〇年に起きた北朝鮮と韓国の紛争のことを「朝鮮戦争」と呼んでいますが、当時は「朝鮮事変」や「朝鮮動乱」という呼び方をしていました。宣戦布告なしに行なわれた内戦なので、伝統国際法に照らせば「戦争」ではありません。しかし、三年以上も戦争と同じ戦闘行為が行なわれたこともあり、現在では「朝鮮戦争」と呼ぶのが一般的になりました。

この後のハンガリー動乱、ベトナム戦争というように、いつの間にか、大規模なものは戦争で、細かいものは動乱というように、言葉遣いからしていい加減になっていきます。「戦争」という言葉の定義としては、もう法的状態説ではなく、実態説が広まっているということです。それでも、「宣戦布告をしたら違法行為」という国連憲章のベースの部分だけは遵守しているのです。

無法状態を許しているも同然のいまの実態説を取れば取るほど、戦いの様相が悲惨になっていることは、ベトナム戦争、チェチェン紛争、中東紛争、どれを見ても明らかです。

「東京裁判」は裁判という名前のリンチだった

一九四六年から約二年間、占領軍によって極東国際軍事裁判所なるものが設けられ、日本の戦時指導者の裁判が行なわれました。東京裁判と呼ばれるものです。

これには正当化できる法理がまったくありません。二〇一六年に、とある都内の中高一貫校の中学三年生の生徒さんたちが私に取材しに来てくださったことがありました。彼らが私に質問したのは、「東京裁判は事後法ですか」ということでした。

たいへん立派な心がけです。さて、こういう場合、何と答えるべきでしょうか。

ここは評論家の江崎道朗先生の言葉をお借りしますが、「違う。事後かもしれないが法ではない。だから、事後法ですらない」というのが答えです。

中学生たちが聞いた「事後法か？」とは、「事後的に処罰規定を定めた法律に基づいた裁判だったのか？」という意味です。日本のみならず、世界中の法令の一般的な原則として、事後法による処罰は禁止されています。これを法の不遡及《ふそきゅう》といいます。文明国の刑法では厳格に守られる原則です。

仮に過去に遡《さかのぼ》って刑罰を下してよいとしましょう。たとえば、時速制限六〇キロのところを五〇キロで走っていた人がいるとしましょう。ある日突然、「今日から時速制限を四〇キロにします」と法律を変えたとします。かつて、五〇キロで走っていた人を有罪にしてよいでしょうか。いかなる人間も有罪にできます。だから「刑罰不遡及の原則」、つまり「過去に遡って刑罰を下してはならない」は、文明国の大原則なのです。それをさせないために、事後法を固く禁止しているのです。

しかし東京裁判は、事後法ですらありません。江崎先生は「東京裁判は事後に裁判で罰することは決めていたかもしれないが、そこには法すらなかった」と言い切っておられます。私も同じ意見です。詳しくは、インターネット番組のチャンネルくらら「東京裁判は事後法なのか」（二〇一六年八月二十日配信分。YouTubeで視聴可能）をご参照ください。

東京裁判とは、単なるマッカーサーの命令で行なわれた見世物（ショー）にすぎません。たとえ選挙で選ばれた人がつくった正当なる法律であっても、事後法の適用は禁止されていることです。にもかかわらず、マッカーサーは単なる命令通達一本で、戦犯を「裁く」、裁判のまねごとを行ない、処刑を行なったのです。

要するに、何一つとして正しいことがない「裁判」という名前のリンチです。

ニュルンベルク裁判と東京裁判はどう違うか

では、同じくナチスの戦争犯罪を裁いたニュルンベルク裁判とはどう違うのでしょうか。

まず、ニュルンベルク裁判も東京裁判も、罪状として問われたのは、A級＝「平和に対する罪」、B級＝「通常の戦争犯罪」、C級＝「人道に対する罪」です。A級の「平和に対する罪」とは、「侵略戦争を企てて共同謀議を行ない、実行した罪」です。

このうち、A級の「平和に対する罪」については、明らかに「事後法ですらない」ものであり、およそ裁判としての体《てい》を成していないものでした。それはドイツも日本も同じです。

一方、ドイツと日本で大きく違いを見せるのがC級、すなわち人道に対する罪です。日本の大東亜戦争においては、C級に問われるケースはありませんでした。しかし、ドイツの場合、ナチスが国を挙げて「ジェノサイド＝特定の集団の皆殺し行為」など数々の悪逆非道な政策を実行していましたので、C級は大きなポイントとなりました。

ナチスとヒトラーによるジェノサイドとして有名なのは、ユダヤ人絶滅計画ですが、犠牲になったのはユダヤ人だけではありませんでした。ナチスは、セルビア人、ロマ人、同性愛者、身体障害者、自国民であるドイツ人すら殺害していたのです。

ドイツ人の中にも、本音の部分ではニュルンベルク裁判について、「事後法ではないのか」あるいは「事後法ですらないのではないか」と思っている人たちがいます。カール・シュミット（ナチスの勃興《ぼっこう》期にその法学的根拠になるような議論を展開しながら、後にナチス政権に対して批判的なスタンスに転じたドイツの法学者）も、「国際成文法として、ジェノサイドを禁止した法がニュルンベルク裁判以前にあったのか」という問題提起をしています。

しかし、A級「平和に対する罪」とは異なり、「ジェノサイド」は、成文法がなければ人道に対する罪に問えないものではありません。国際法とは確立された文明の法です。たとえジェノサイドを具体的に禁じる条約などがなくても、「ジェノサイドは許されない」という国際通念が成立しているならば、それは国際法的にも有効といえます。

そういう前提に立って行なわれたのがニュルンベルク裁判です。アウシュビッツやホロコーストなど、ヒトラーがユダヤ人ほか多くの人に対して行なった殺害行為は、国際法に照らしても正当性がなく、処罰すべきだということです。

世の中には、ロシア人はもっとユダヤ人を殺したじゃないかとか、ヒトラーのユダヤ人絶滅は未遂で終わったが、イギリスのタスマニア人絶滅は既遂じゃないかと主張する人がいます。実際、そのとおりなのですが、現代世界でそういう主張をすると「リビジョニスト（歴史修正主義者）」といわれてしまいます。リビジョニストとは「ナチスを庇《かば》う奴」と同じ意味です。

一方、先述のように、東京裁判では、C級「人道に対する罪」は適用されませんでした。文明国である日本は、国を挙げてジェノサイドを行なうような無茶苦茶なことをしていませんから、当然です。

B級すなわち「通常の戦争犯罪」については、国際法に基づいて裁かれます。大東亜戦争でも五〇〇〇人を上回る人々がBC級戦犯として逮捕され、およそ一〇〇〇人が死刑判決を受けました。

その戦犯裁判がいかにいい加減で酷《ひど》いものであったかということについては、強く糾弾すべきです。また、「ＢＣ級戦犯」という通称の中に、実際には適用されなかった「Ｃ級」という言葉が入れられていることが一種のプロパガンダであることも指摘していかなくてはいけません。しかし、少なくとも法理的には、その裁判自体が否定されるようなものではありません。

いってみれば、「人道に対する罪」「通常の戦争犯罪」は、刑事事件的なものであり、一方、平和に対する罪というのは民事事件的なものです。つまり、私法的な世界ということができます。なぜなら、ウェストファリア体制においては、対等な国と国の上位の存在はなく、争いになったときにどちらが勝つかは決闘（すなわちルール化された戦争）で決めてもよいとされていたからです。

しかも、いつの時点で日本は侵略戦争をしたことになったのかの点は極めて滅茶苦茶ないいがかりに近いものがあります。侵略の概念に関しては、小著『歴史戦は『戦時国際法』で闘え』（自由社、二〇一六年）に詳しく書きましたが、違法というにしても次元が違うのです。刑事事件レベルの違法というのは、犯罪行為で、ドイツのヒトラーがやったようなレベルです。では、民事上の対等の関係で、摩擦が起きたときはどうかというと、刑事事件のように断罪が必ずしも必要なのではなく、仲裁、調停が可能な着地点があるものなのです。

そこでお互いの行き違いをどこまで許容できるのかの違いが、不法行為か約束違反かになります。ただし、民事上の不法行為というのは、制裁を課されることはあっても、刑罰を科されるわけではありません。

日本の戦争を「アグレッシブ・ウォー」と主張する愚

ちなみに、東京裁判でアメリカが声高に主張した「日本の戦争はアグレッシブ・ウォーだった」という見方は、ほとんどいいがかりです。ポツダム宣言の第六項に「日本国国民を欺《ぎ》瞞《まん》し、これをして世界征服の挙に出づるの過誤を犯さしめたる者の権力および勢力は永久に除去せられざるべからず」とありますが、戦前、日本のどの内閣の誰が「世界征服」などという大それたことを考えたというのでしょうか。

たしかに戦前、「田中上奏文」という偽文書が出回りました。これは、「昭和二年（一九二七）に、当時の田中義一首相が極秘に昭和天皇に対して世界征服を進言し、その手始めに満蒙を征服すべきだと上奏した」とする荒唐無稽な文書ですが、中国国民党などの手により世界中で大いに喧伝《けんでん》されました。一種の謀略プロパガンダです。この文書がどのようにつくられたのかは、いまだ明らかになっていませんが、アメリカ人は愚かにもこれを信じてしまったか、都合よく信じたふりをしたのかのいずれかとしか思えません。

また、『国際法で読み解く世界史の真実』で詳述しましたが、満洲事変は国際法的に日本が責められて然るべきものではありません。ましていわんや、支那事変はそもそも中国側が仕掛けてきたことが主因です。しかも、口にするのもはばかられるほどに残虐な日本人虐殺事件を通州など各地で繰り返して……。

最大限に日本の罪状を認めるとして、たとえるなら信号無視のようなものです。日本が信号無視をしたら、シナ人が当たり屋のように飛び込んで来てケガをしたと騒ぎ立てたことに対して、信号無視したほうだけを死刑に処するような話なのです。

それをいうなら、アメリカのおびただしい国際法違反の行為は何なのでしょうか。日本が負けてしまったので、一方的にルール違反でいいたい放題の悪者呼ばわりされているだけのことなのです。ニュルンベルク裁判とは次元が異なるものを一緒にされてはたまったものではありません。

なぜ、そのようになってしまったのか。そこに大きく影響しているのが、アメリカの国際法に対する無理解です。アメリカが「国際法を理解できないこと」がもたらす被害の甚大さを侮ってはならないのです。

現代の「領土問題」がなぜ野蛮なのか

第二次世界大戦と国際連合によって伝統国際法が破壊され、戦争というものが法的状態説ではなく実態説に変化したということ、さらに、実態説で国際法を運用しようというのは野蛮に回帰していくことなのだということが、この本の重要なテーマです。

現代は、その野蛮に回帰した「実態説」の蓄積が進んでいます。戦争の定義のみならず、現代の国際社会では法の大原則よりも、事実の追認を重視する傾向があります。

それが目に見えてわかるのが、領土問題に対する国際司法裁判所が出す判断の傾向です。最近の国際司法裁判所は、げんに実効支配をしているほうを勝たせる傾向にあります。「権利の上に眠るものは保護せず」というのは簡単です。しかし実際は、「権利があるかどうかなど知ったことではない。そこに旗を立ててさえすれば俺のものだ」という〝俺様ルール〟の追認です。要するに、「やったもの勝ち」の世界の到来です。

島根県沖にある竹島は、一九五二年に韓国が一方的に設定した李承晩ラインによって実効支配が始まりました。当然、国際法違反です。日本は国際司法裁判所に付託することを主張していますが、仮に、韓国がそれに応じたとして竹島の領有権が返ってくるかというと、確実に返ってくるとはいえません。結局、六十年以上も実効支配を許している事実を重視した判断が下されれば、それまでです。

いくら抗議をしていても、それが口先だけの抗議にとどまるかぎり、国際法違反などという主張が吹き飛ばされる可能性もあるのです。戦前、日本が国際法の優等生たりえたのは、相手に国際法を守らせるだけの「力」を持っていたからだということを忘れてはなりません。それを忘れて国際法だけをお題目のように唱えるのは、中江兆民の『三酔人経綸問答』の〝洋学紳士君〟と同じです。

これは、北方領土問題でも同じことがいえます。

ソ連が日ソ中立条約を無視して対日参戦し、一九四五年八月のポツダム宣言受諾後にも攻撃を続けて北方四島を不法占拠したのですが、これ自体、文句なしの国際法違反です。

ここでも、ソ連を含めた連合国側が戦争の定義を法的状態ではなく実態説でとらえていることがポイントになってきます。

日本の側は、サンフランシスコ平和条約の中で、「日本国は、千島列島並びに日本国が一九〇五年九月五日のポーツマス条約の結果として主権を獲得した樺太の一部及びこれに近接する諸島に対するすべての権利、権原及び請求権を放棄する」としていますが、千島列島の中に北方四島は含まれないというのが公式見解となっていますし、ソ連はサンフランシスコ平和条約に署名していないので、この条約の権利の主張はできないはずです。

しかも、ソ連は日本がポツダム宣言受諾を表明した八月十五日から、休戦協定（停戦協定）に調印した九月二日までの間に択捉《えとろふ》島、国後《くなしり》島、色丹《しこたん》島を侵略し、九月五日までに歯舞《はぼまい》群島を侵略しています。ソ連は特段、占領自体が軍事行動であることを隠してはいません。日本側が国際法を守って無益な殺傷を回避するため、無血で占領を許したことを利用してさえいるのです。

実は、ロシア人には固有の領土という日本人が持っているような概念がありません。日本が生まれつきの主権国家だった背景には、海という物理的な境界があったので、ここから内側は日本という排他的支配の概念があるのと、まったく違います。ロシアの場合、ヨーロッパからアジアに至る広大な領域で、しかも地続きであるので国境の変動はよくありました。領土という概念は生まれても、「固有の領土」となると、「何それ？」になってしまうのです。

そのくせ、都合がいいときだけ、「もともとクリミアはロシアの領土だ」などと言い出します。ご都合主義はロシアの得意技です。

以上を考えると、日本が北方領土を取り返すチャンスがあったとすれば、ソ連が崩壊したときでした。今川義元が死ぬのをひたすら待って、力を蓄え続けていた徳川家康のような準備を、もし当時の日本がしていたら、北方領土が還ってきた可能性がありました。そのときの日本の総理大臣は海部俊樹です。事実上は竹下登元首相の傀儡《かいらい》で、〝第三次竹下内閣〟みたいなものでしたから、海部氏に当事者能力を求められはしないのですが、無血で取り返すなら、あのタイミングしかなかっただろうと考えます。

もし尖閣で「満洲事変」のようなことが起きたら

中国との間で緊張が高まっているのが尖閣諸島ですが、もし、現代で、この尖閣を舞台に満洲事変のようなことが起きたらどうなるかを考えてみましょう。

満洲事変の折は、満鉄が爆破されました。では、もし現在、尖閣諸島沖で日本船籍の船が何者かに撃沈されたとしたら、はたしてどうなるでしょうか。

満洲事変のときには、当時の南次郎陸軍大臣が事件の合法的説明をいかにすべきかについて助言を求めるべく宮内省御用掛の清水澄《とおる》博士のもとに駆け込んだわけですが、現代において助言を求めるとすれば内閣法制局ということになるでしょう。

中国軍の戦闘機が尖閣で日本の漁船を沈めた場合、反撃をしていいかというと、日本の国内法では反撃してはいけないことになっています。

反撃が許されているシナリオは、日本の漁船が沈められた後、警告したのにこちらの一機目が撃墜されたとき、初めて、もう一機が撃ち返していいというもの。つまり、がんじがらめです。スクランブル発進で二機飛ばすのは、このシナリオを前提にしているからです。自衛隊は、領域内の目の前を敵国軍機が飛行していても撃墜ができません。実態としては、個別的自衛権すら発動できない国になっています。

尖閣諸島には、竹島や北方四島と違ってアドバンテージがあります。日清戦争と関係なく明治二十八年（一八九五）に日本領になっています。無主の地なので先占しました。ところが、一九六〇年代末にこの地に地下資源があるらしいということがわかって以来、中国が圧力をかけてきて、いまに至っています。

尖閣諸島の場合、日本が実効支配はしてきています。とにかく静謐《せいひつ》を保って挑発に乗らないようにして、小火の段階で消し止めるしかありません。右左関係なく、尖閣問題がいつになったら解決するんだと騒ぐ面々が数多くいますが、国境紛争というのは、それを狙う国がいるかぎり続くものなのです。

この問題を解決する方法を考えること自体が、間違いだと考えるべきです。逆の立場になれば、何をやったら取れるのだという話なのですから。われわれが何をやっても竹島や北方領土を取り返せないのと同じです。

尖閣に関しては、こちらが実効支配をしている分、日本が有利です。外務省が外交言辞で領土問題を認めたかどうか、失言がどうのこうのなどと取り沙汰されますが、実態説で考えるなら、最終的には軍事力がものをいいます。逆にいえば、中国が軍事力を行使して侵略してこないかぎり尖閣諸島を奪われる可能性はないわけです。

だから、人民解放軍が本気になって乗り込んできた場合にどうするのかを考えておくべきです。

中国の視点でいうならば、尖閣諸島はあくまで囮《おとり》であって、本命は宮古島や八重山諸島（石垣島）です。その二つを取れれば、台湾と日本を分断できますから。尖閣は無人島ですから、中国からしたら「取れたらラッキー」くらいのものです。

純軍事的には、尖閣諸島のような人が住んでいない島というのは、軍事的には後手必勝です。第二次世界大戦で、日本軍が太平洋の島を押さえたはいいけれど、結局、アメリカ軍が好きなときに好きなだけ攻め取れたことの再現になります。さすがに人民解放軍は、「日本国政府が日本国憲法を本当に守って後手必勝の戦術すら取らないだろう」などという希望的観測に基づいては行動しません。いまはボケているように見える日本が、急に正気になる可能性を想定するのが軍人です。

仮に有事になったとき、中国軍が先手を取って尖閣諸島を占領した場合、後手必勝の日本側の反撃を避けるために既成事実をつくるべく、毒入りのプロパガンダを続けるしかありません。ただ、そこで国際社会に訴えてプロパガンダをやっている間、日本や米軍のミサイルの標的になり続けるわけですから、占拠していても恐怖しかないわけです。

尖閣問題に関しては、日本が動揺し、あわよくば何らかの錯誤を犯したときに、付け込む用意をしていると見るべきでしょう。

本章では、戦後の日本が直面してきた「諸問題の根源部分」を国際法で読み解いたらどうなるかについて論じてきました。そのため、話が現代的問題にも飛びましたが、次章からは、現代史の大きな流れを国際法で読み解いていきたいと思います。

第3章

国際法を理解できない者VS理解して破る者の「仁義なき冷戦」

「辺境の野蛮人のどす黒い嫌らしさ」に満ちた世界

いうまでもなく、第二次世界大戦後の現代史の大きな枠組みとなるのは、アメリカとソ連の冷戦構造です。すでに本書で繰り返し述べてきたように、国際法を理解できないアメリカと、国際法を理解して破るソ連が覇を競いあったからこそ、世界はすっかり「野蛮」になってしまったのです。

ところで、アメリカとソ連（ロシア）両国は、ヨーロッパから見れば「田舎者の中の田舎者」であり「辺境の野蛮人」に他なりません。現代史の野蛮さを考えるとき、そのことは頭に入れておいてもいいでしょう。

西洋文明の外にいる日本に対しては、ヨーロッパ人は人種差別的な気分を持つことが圧倒的に多い。とはいうものの、一方で、別の文明圏で長い歴史を誇ってきた国として一目置くことがないわけではありません。日本からしても、別の文明圏の人間からどう思われようと、究極的には関係ないといえば関係ない話です。

しかし、アメリカとソ連（ロシア）に対しては、ヨーロッパ人は単に「田舎者」「野蛮人」としか思いません。自分たちが見下していた相手のほうが、いまや羽振りがいいわけで、ヨーロッパの皆さんにも同情しますが、逆に米ソ（露）両国の側からしてもどうでしょう。自分たちは西洋文明の一員だと思っている米ソ（露）両国にとって、この事実は、小骨が喉に引っかかり続けているような嫌な気分を抱かせるに十分ではないかと、勝手に想像してしまいます。「白人」などという一枚岩の集団は存在しないのです。

しかし、いずれにせよ、そんな米ソ両国によって、ヨーロッパ文明の精華の一つであった「国際法秩序」も破壊されてしまいました。二十世紀に米ソは、ヨーロッパの覇権構造をズタズタに破壊し、地に叩き落とすことについて非常なる執念を見せました。彼らがそうせざるをえなかった心の裏側には、この「嫌な気分」があったのかと勘繰りたくなります。

とにもかくにも、現代世界は野蛮極まりない世界となっていきました。そうしてしまったことの罪は極めて重いといわざるをえません。

さらにいうなら、第一次世界大戦後に五大国の一つとなった日本を叩き落とすことに血道を上げたのも、米ソ両国です。

第1章で、「現代世界が野蛮化してしまったことについて、大きな責任を負っているのが日本だ」と述べました。それは、日本が第二次世界大戦に敗れ、国際法秩序の最後の番人の地位から降りてしまったからです。

もちろん、負けた日本が悪いのです。しかし、米ソ両国の政権枢要部があれほど日本に憎悪と恐怖心を抱いていなければ、歴史はもう少し違う流れになったことでしょう。

もしかすると、米ソが日本叩きにあれほど熱を上げた心の裏側にも、米ソ両国が心に秘めた「嫌な気分」があったのかもしれません。差別されている側が、差別する側に回ったときの「どす黒い嫌らしさ」については、あらためて指摘するまでもないでしょう。ソ連共産党の恐怖政治の暗黒体質も、アメリカの病的なまでの人種差別も、その意味では共通しています。そう考えると、こちらも「嫌な気分」になってきますが。

ともあれ、現代史の大きな流れをきちんとつかむために、本章ではまず、米ソ両国の「本質」について見ていくことにしましょう。

「諸悪の根源」としてのウィルソン主義

アメリカとはいかなる国であったか。とりわけ、第一次世界大戦後、世界の超大国へのし上がっていったアメリカの本質はどこにあったのか。

それを考えるうえで、最も重要な人物こそ、アメリカ第二十八代大統領ウッドロー・ウィルソンです。ある意味でこの時期のアメリカは、ウィルソン主義の熱狂に縛られつつ、その魔力によって超大国の座を手に入れる道を歩んでいったともいえるのですから。

ウィルソンについては、私はこれまでいくつもの著作でこれでもかと筆誅を加えてきました。しかし、やはりこの本でも触れないわけにはいきません。なぜなら、本書で扱う一九四五年以降の世界で起きている紛争の、控えめにいって九〇パーセントの元をつくったのがこのウィルソンだからです。

第一次世界大戦中の一九一八年一月八日、アメリカ連邦議会でウッドロー・ウィルソンが高らかに提唱したのが「十四カ条宣言」です。これは、第一次世界大戦の講和会議（パリ講和会議）でも基調となりました。

この「十四カ条」の主な内容は、「秘密外交の廃止」「公海航行の自由」「通商障壁撤廃」「軍備縮小」「民族自決」「ロシアからの撤兵とロシアの政治制度選択の自由の保障」「バルカン半島と中東の新秩序構築」です。文字面だけを見ると、高い理想を謳《うた》っているように見えます。げんに、いまでもウィルソン主義を理想だという人は多く、日本の外務省でもウィルソン主義は主流派を占めています。

しかし、これはとんでもない話です。

最初に挙げますと、現在も続く世界中の民族紛争の原因は、ここで提唱された「民族自決」なのです。

その国が主権国家に値するかどうかは、治安維持能力（国内を統治する能力）と、条約遵守能力（国際間の合意法を守る能力）の二つの力が必要です。しかし、ウィルソンがぶち上げた民族自決とは、主権国家ではない「民族（エスニック）」も主権国家（ネイション）として格上げするという内容でした。たとえるなら、子供を大人として扱おうという話です。

その結果、世界中で少数民族が独立運動を起こすことになりました。そしていま現在も、紛争の無限ループ状態になっているのです。

民族（エスニック）とは、人種（肌の色など身体的な特徴）とは違い、その人がどのような同胞意識を抱いているか、すなわち「自分は○○民族だ」という意識をどのように持っているかに関わります。そして、その背景には宗教や歴史的な記憶が、複雑に絡み合います。

日本の場合は、初めから海という物理的にも明確な国境の中で、長い歴史を通して天皇という象徴を戴き、一つの同胞意識を持つ民族が暮らしてきました。

しかし、ヨーロッパやアメリカ、アフリカでは、多民族が侵略や移動で複雑に分布しており、一つの民族（エスニック）が一つの国民（ネイション）にまとまっているとは必ずしもいえません。中東問題が複雑でわかりにくい理由でもあります。

一つの国にまとまろうとする方向性が典型的に働いたのは、やはり近代ヨーロッパでしょう。ウェストファリア体制確立の後、ナポレオン戦争によってヨーロッパにはナショナリズムが台頭します。それまでのヨーロッパの戦争は、いわば国王が傭兵を雇ってやっていたゲーム的なものでした。しかし、ナポレオンは「フランス革命を他国の侵略から守れ」という気概に燃えた民衆を徴兵し、その力で他国を圧倒したのです。

それを見た欧州諸国も、国民意識を養い高め、国民皆兵の徴兵制によって兵備を整え、自国の強大化をめざすようになります。戦争は王様のゲームから、全国民の利益を左右するものへと変化し、国民軍が組織されるようになったのです。この場合は一つの国としてまとまろうという意味でのナショナリズムといえます。

一方、国という枠組みを超えて、宗教や歴史的記憶を軸にした同胞意識を共有している民族（ネイション）が「国境を無視して一つにまとまろう」とする場合、必然的に異民族と衝突することになります。その場合、どちらかがどちらかを排除するようなことになれば、当然、武力衝突は免れず、対立が過激になります。現在の中東がまさにその状態です。

ウィルソンは「十四カ条宣言」の中で、バルカン諸国の回復（第一一条）を提唱したために、すでに「主権国家を持つ資格がある」といって動きはじめていた諸民族にお墨付きを与えることになり、以後、諸民族が分離独立を求めて戦争を始めます。

一つの民族で一つの国になるということは、異民族がそこにいることを認めないということです。ウェストファリア体制以前の宗教戦争と同じことをすることを許すといっているのと同義なのです。

その一方で、アメリカは中南米には二重基準で容赦なく独立運動をつぶしていきます。第一次世界大戦後、アメリカ以外の大国は疲弊していたこともあり、干渉することができません。ウィルソンは、ヨーロッパに干渉しない、アメリカの縄張りにヨーロッパの干渉は許さないとするモンロー主義を実現することに成功します。

日本も、この「民族自決」によって大きな影響を被ることになりました。国際法を理解できない隣国、中華民国、朝鮮に振り回されるいきさつは、『国際法で読み解く世界史の真実』に詳しく書いたとおりですし、現代に至っても解決していない問題は山積しています。

共産主義を扶《たす》け、国家間の恨みを増進し、帝政を破壊する

また、第四条でウィルソンは「軍備の縮小」を提言しました。この提案自体は各国には受け容れやすい内容ではありましたが、忘れてはいけないのは、このとき、ロシアでレーニン

による共産主義革命が進行していたことです。

レーニンは、世界中の政府を暴力で転覆し、すべての金持ちを殺せば理想郷が出現するという「世界同時革命」を主張していました。後に共産主義国の成立を阻《はば》みたい列強によってロシア干渉戦争が始まりますが、戦争をするとわかっていての軍備縮小は足かせにしかなりません。

軍縮は、また別の悲劇ももたらします。日英米の「恨みの三角関係」です。これは一九二一年のワシントン海軍軍縮会議で決定的になります。日本に怯えるアメリカは日本に対し、「英：米：日」の主力艦比率を「一〇：一〇：六」に抑えます。

しかも、このワシントン軍縮会議で、イギリスはアメリカからの圧力を受けて日英同盟を破棄します。日本国内では「日英同盟を弊履《へいり》のように棄てた」として、イギリスに対する反感が高まりました。これによって、日本では「アングロ・サクソンの血の絆で結ばれた英米が日本を抑圧しようとしている」という誤った常識がはびこることになるのです。

一方でアメリカはイギリスも抑えつけています。もともとイギリスは、英国海軍の実力を、常に世界第二位と第三位の海軍力の合計を上回るものにする「二国標準」を原則としてきたのですが、ここでアメリカによって「一〇：一〇」という対等の地位に落とされてしまったのです。

かくして、軍縮を実行することで、それぞれがそれぞれに恨みを持つ状態に陥っていくことになります。しかも、その一方で、軍縮会議には参加しないソ連は伸び伸びと軍事力を強化していったのです。

そもそもウィルソンは、あまりにソ連に甘い顔をしています。「十四カ条宣言」の第六条で謳っている「ロシアからの撤兵とロシアの政治制度選択の自由の保障」などは、まさにレーニンに時間稼ぎをしてやったのと同じことです。

外務省外交史料館・日本外交史辞典編纂委員会編『日本外交史辞典』（山川出版社、一九九二年）の「ウィルソン平和十四カ条」の項目を見ると、なぜかロシアが連合国との間で結んだ秘密条約を暴露するところから始まっています。これは、ウィルソンが「十四カ条宣言」の第一条で掲げた「秘密外交の禁止」、そのものです。

ウィルソンの「十四カ条宣言」は、第一次世界大戦後の世界秩序をアメリカ優位につくり変えようとしたものでしたし、民族自決は、主権国家間の合意法である国際法を事実上破壊する内容でした。

さらに、このときのアメリカは、ドイツの帝政を廃止させて憲法を変えさせたほか、ハプスブルク帝国、オスマントルコ帝国と、「帝国」と名のつく国を片っ端から破壊していきます。ウィルソンは日本の皇室も破壊しようとしています。「独裁制」と「立憲君主制」の違いを理解できないアメリカには、「帝政は邪教」としか理解できないのかもしれません。

やがて、この系譜はフランクリン・D・ローズベルト、クリントンへと受け継がれていきます。すべてのアメリカ人、あるいはアメリカのエリートがウィルソニアンではないのですが、ウィルソン主義はアメリカの対外政策で大きな影響を持っています。

なぜロシア・ソ連は、面の皮が厚く手強いのか

ロシアは、「国際法」を熟知したうえで破る国です。名前がソ連でも、変わりありません。ここが厄介なところです。「国際法」を破るという結果について見ればアメリカと一緒なのですが、ソ連（ロシア）は「熟知して破る」ために、外交能力も謀略能力も格段に上です。面の皮の厚い、手強い相手といわざるをえません。

小著『嘘だらけの日露近現代史』（扶桑社、二〇一五年）で、私は「ロシアの法則」を挙げました。

「ロシアの法則」
一、何があっても外交で生き残る
二、とにかく自分を強く大きく見せる
三、絶対に（大国相手の）二正面作戦はしない
四、戦争の財源はどうにかしてひねりだす
五、弱い奴はつぶす
六、受けた恩は仇で返す
七、約束を破ったときこそ自己正当化する
八、どうにもならなくなったらキレイごとでごまかす

ロシアは徹底的に「力の論理」を信じています。そのために使えるものは徹底的に使います。国際法も、それを使ったほうが都合がいい場合には、徹底的に使うのです。

そもそも一八八九年と一九〇七年に戦時国際法の重要なルールを規定した「ハーグ陸戦条約」が結ばれますが、それを採択したハーグ平和会議はロシアが主唱したものでした。当時、ロシアは財政難に陥っていたため、戦争を避けるためにキレイごとでごまかしたので

す。冷戦期も「雪どけ」だの「緊張緩和」だののキレイごとでたぶらかしていました。

一方、国際法を破ったほうがいいときには、何の躊躇もなく破ります。その法則が、先に挙げた「ロシアの法則」です。第二次世界大戦末期、日ソ中立条約を平気で破って、満洲、樺太《からふと》、千島列島に攻め込んできたのは、まさにそんなロシアの姿を象徴する事例です。

そんなロシアが共産主義を信奉するようになるとどうなるか。ご想像のとおり、厄介さが格段に上がります。

そもそも共産主義は、「世界中の政府を暴力で転覆して、金持ちを皆殺しにすれば、全人類が幸せになれる」という思想です。

共産主義者たちからすれば、金持ちとは、本来は労働者のものであるべき富を搾取して儲けつつ、議会から警察、メディアまで、あらゆる権力装置を使って労働者を弾圧してくる存在です。とすれば、現在の法秩序に従うのは、ただただ既得権者を益するだけの愚策という発想になります。

かくして共産主義者は使える法律だけは使って、使えない法律は無視です。彼らからすればそれが「正義」なのですから、何の良心の呵責《かしゃく》もありません。

江崎道朗先生が、『コミンテルンの謀略と日本の敗戦』（ＰＨＰ研究所、二〇一七年）でそのあたりのことを次のように書いていらっしゃいます。議会制民主主義についての記述部ですが、当然、国際法秩序に置き換えて考えても、構図は同じです。

〈コミンテルンの指示に従って共産党は合法組織だけでなく、非合法組織も完全掌握しながら、いつでも議会を転覆できる準備をしておかなければならない。機が熟したら議会を転覆し、一気に権力を乗っ取ることを前提にして、合法・非合法を含めた議会対策を行なうのである。

しかも多くの国で、国会議員は、憲法と法律によって政治活動の自由が保障されている。この「政治活動の自由」という保障を利用しながら、国会や政府内部に送り込んだスパイたちの活動を支援し、政府の「悪事」を暴露して政治不信を高める宣伝活動を展開することが、国会議員の役割なのだ〉

国内の議会政治に対してもこのスタンスなのですから、ましていわんや、ヨーロッパの王侯貴族たちが築き上げてきた国際法秩序に対して、彼らがどのような対応をするかは、容易に想像できるはずです。

アメリカ政府の方針さえも左右したソ連スパイ

江崎道朗先生はまた、『アメリカ側から見た東京裁判史観の虚妄』（祥伝社、二〇一六年）で、いかに戦前期のアメリカにおいてコミンテルンが穿孔《せんこう》工作を行なっていたかを詳述しています。ローズベルト政権の内奥深くに多数のソ連のスパイが浸透していたことが、ますます明らかになってきました。

アメリカ政府の内部にソ連のスパイが浸透していたことで、情報が盗み放題だっただけではありません。ソ連のスパイの怖いところは、政権の方針さえも大きく左右してみせたことです。日米の対立を決定的にしたといわれる「ハル・ノート」の文面作成に関わったのも、ソ連に対して法外なまでの軍需物資支援を続けたのも、ヤルタ会談を好きなように引っかき回してアメリカにとって好ましくない方針を次々に決定させたのも、彼らソ連のスパイだったことがわかってきています。

その結果どうなったか。

第二次世界大戦の勝者は、スターリンが率いるソ連ということになりました。

そもそもヒトラーが好き放題に手を突っ込んで欧州戦線の火種となった東欧は、ことごとくソ連の支配下に入りました。日本を戦争に引きずり込んだ中国大陸でも、第二次世界大戦後すぐに中国国民党と中国共産党の内戦が起きて、最終的に共産党の毛沢東が勝利を収めます（後で詳述します）。しかも大英帝国をはじめヨーロッパ諸国は植民地をことごとく失っていき、ソ連が手を出し放題になりました。かつて植民地だった諸国では共産主義勢力が跋扈《ばっこ》し、共産政権が次々に誕生してゆきます。

このような事態を前に、アメリカは何をしていたのか？

何もできませんでした。大戦に勝ったと浮かれていたのか、本当に愚かで状況を把握しきれなかったのか。たしかにソ連の手際は、あらかじめスパイがお膳立てしているだけに水際立っていましたが、それにしてもアメリカはやりたい放題にやられています。

アメリカが「敵と味方を間違える天才」だったせいで……

しかし、そんなアメリカも遅ればせながら一九四七年頃までには状況を正確に把握し、共産主義勢力を甘く見すぎていたことに気づいていきました。

一九四六年にイギリスのチャーチルは東欧のソ連の衛星国を指して「鉄のカーテン」と発言し、一九四七年にトルーマンが、東欧のソ連の衛星国への牽制《けんせい》として、ギリシャ・トルコへの軍事的支援・経済的支援を内容とするトルーマン・ドクトリンを発表します。そして、アメリカ国内では共産主義スパイを次々に摘発し、世界規模でソ連に対抗する政策を本格的に取りはじめるのです。

ちなみに占領下の日本でも、占領初期の頃はGHQにハーバート・ノーマンのようなソ連のスパイが入り込んで、日本の共産主義勢力を助長するような政策を後押しし、そこに日本国内の左翼陣営が呼応して好き放題にやっていましたが、途中からアメリカの反共勢力が力を取り戻し、親共産主義すぎる政策を見直していきました。アメリカが正気を取り戻さなかったらと考えると、背筋が寒くなります。

かくして、いわゆる米ソ冷戦が始まることになります。

しかし、この段階でアメリカが気づいてみると、実はソ連と戦うために味方になってくれそうな国は、ことごとく第二次世界大戦とその後の国際状況の中で、大きなダメージを受けていました。イギリス、日本、中華民国……。

アメリカとソ連が戦後世界の「超大国」だといわれますが、蓋《ふた》を開けてみれば、それはアメリカが「敵と味方を間違える天才」だったからこそのことでした。

しかも、国際法を理解できないアメリカと、国際法を熟知したうえで破るソ連は、すでに国際法秩序を破壊してしまっています。これによって、戦争のルールも何もあったものではなくなりました。テロ、ゲリラ、虐殺と何でもありです。

しかもアメリカもソ連も、ウィルソン主義と共産主義という不可思議な宗教的情熱に駆り立てられています。「決闘のルールで決着をつける」という発想ではなく、「悪魔を殲滅するまで戦争をする」という総力戦思考です。

国際法秩序が、宗教戦争の悲惨さへの反省から生まれたものであることは、すでに説明したとおりです。変に宗教的情熱に駆り立てられた者の手でそれが破壊されたときに、どうなるか――。

中国はなぜ共産主義になったか――その背景

ソ連が直接、東欧を占領して共産主義政権を樹立していったヨーロッパの情勢とは異なり、アジアでは第二次世界大戦が終わった後から、本格的に共産主義の魔の手が広がっていくことになります。

中国大陸では、日本が降伏した後、満洲はソ連が押さえます。一方のアメリカは、華北の重要都市や炭坑などが共産党によって接収されないよう、華北に米軍を進駐させました。

そのような状況下で、蔣介石率いる中華民国の国民党軍と、毛沢東率いる中国共産党の人民解放軍による国共内戦が始まるのです。

かつて、日本も幕末に内戦状態になったことがあります。中国と決定的に違うのは、当時の江戸幕府と、新政府の双方に「国際法」の理解があったことです。諸外国に局外中立を呼び掛けて、代理戦争の場になることを回避しました。

しかし、清朝末期に欧米列強が進出して以来、中華民国と名乗っていた国は、五胡十六国時代さながらの状態です。清朝は広大な領域を実効支配の下に置いたといわれていますが、この国は歴代、基本的に宮廷内のヒエラルキー（華夷秩序）しかありません。

その清王朝が消えた後は、一九一二年一月に南京で中華民国臨時政府が成立。孫文が臨時大総統職に就任しますが、その後、袁世凱が北京で大総統に就任。一応、対外的に中国を代表する政権となります（北京政府／北洋軍閥政府）。袁世凱が死ぬと、各地で軍閥が割拠したり、南方では中国国民党による国民政府ができたり、四分五裂で争いあう状態になります。

そもそも中国を代表するという北京政府の代表（大総統）が、一九一二年から一九二八年の間に、袁世凱、黎元洪、馮国璋、徐世昌、曹錕、段祺瑞、張作霖と変わっています。諸外国からすれば、大総統からして「誰？」という人ばかりですから、当然、国際的な会議などにも、国内外から「お前は誰なんだ？」という声が上がるような人しか出てきません。一つの国としてまとめ上げる力を持つ権力者はおらず、外国との条約遵守能力もなければ、国内の治安維持能力もありません。およそ、まともに「国」と呼べる状態ではありませんでした。

そんな状態の国を「主権国家になるまで見守ってあげよう」などといって、主権国家扱いをしはじめたのがウィルソンです。そして、ウィルソン民主党を継いだ、共和党政権までもがその路線を踏襲します。

そのウィルソンが助力して成立した共産主義国家・ソヴィエト連邦のスターリンは、毛沢東や周恩来らの中国共産党を指導、支援と称して傘下に置いています。ヤルタ会談では、帝政ロシア時代にロシアが持っていた中国国内の利権を再びソ連のものにすることを蔣介石に断りなく決め、面倒なことはすべてアメリカに押しつけます。

教科書的には、国民党と中国共産党の共通の敵である日本がいなくなったことで主導権争いとなったといわれていますが、主導権争いそのものは、毛沢東が中国統一に野心を抱いたそのときから、すでに始まっていました。なにしろ、毛沢東は日本軍とはほとんど戦っていません。毛沢東は、ただひたすら蔣介石が日本と戦って疲弊してくれて、漁夫の利を手にするのを待っていたにすぎません。

蔣介石はソ連を信用しておらず、中国共産党がソ連の傀儡であることをわかっていたので、反共です。しかし、反共なのにアメリカに嫌われていました。アメリカ育ちの妻・宋美齢の働きもあって、当時のアメリカには親中派が多いのですが、蔣介石は政治家として信用されていませんでした。宋美齢の一族が特権を利用して不正な蓄財をしていましたし、慢性的な役人の腐敗に対して蔣介石は何の手も打ちませんでした。

かつて自分が日本に行なったプロパガンダを毛沢東にやり返されて、アメリカは毛沢東支持に傾きました。毛沢東の芝居に騙《だま》されて、中国共産党の共産主義はコミンテルンのような危険なものではないと認知されたのです。アメリカがコミンテルンのスパイに侵食されていたことは既述のとおりですが、もし、そうでなかったとしても、アメリカ人が敵と味方を間違える天才ぶりは、いまに始まったことではありません。

残虐非道かつ謀略と裏切りに満ちた国共内戦

〈国民党時代と共産党時代をまたいで一〇年にわたって在中国大使の地位にあり、毛沢東の弾圧を間近に見たソ連のある外交官は、のちに機密文書の中で、国民党がいかに残酷なことをしたといっても共産党支配の残酷さには遠く及ばない、と述べている。この外交官は、毛沢東による初期の弾圧だけでも、殺害された国民の数は国共内戦の犠牲者を上回るだろう、としている〉

（ユン・チアン、ジョン・ハリデイ著　土屋京子訳『マオ　誰も知らなかった毛沢東（上）』講談社、二〇〇五年）

抗日戦争中から、毛沢東は「中国のベリヤ」と呼ばれるようになる康生を使って「整風運動」を起こしていました。これは、反対派の粛清にとどまらず、反対派を生み出さないための運動でもありました。毛沢東以外の全員が、お互いを監視しあうように仕向け、思想教育と身上調査（檔案《とうあん》の作成）を徹底します。いまなお続く、秘密警察による人心管理です。自己批判のための拷問や虐待から逃れたい人は、自殺を選んだといわれ、虐待拷問死以上の数を出したとされています。「人間改造計画」という比喩がまさに当てはまる恐怖政治です。生き残った者は毛沢東が押したスイッチに型どおりの反応をするロボットになりました。

毛沢東は冷酷非道の人殺しです。同じ党内の人間すら、政敵と認めると、精鋭部隊ごと死地に追いやり、自分の手を汚すことなく抹殺しました。

蔣介石は、「日本に勝つためには内戦をすべきではない」と考えていました。しかし毛沢東は、「蔣介石をつぶしてくれるなら、ソ連や日本が中国を分割占領しても構わない」と考えています。抗日戦争の決着もつかないうちから、毛沢東はスターリンに見え透いた嘘の報告までして、蔣介石との全面戦争を行なう許可をくれと食い下がります。もちろん、そんなことになれば、日本に漁夫の利を与えることになるので、スターリンは許しません。それは、イギリスもアメリカも同様でした。

日本の敗色が濃厚になった段階で、ソ連は日ソ中立条約を不当かつ一方的に破棄して満洲に攻め込み、蔣介石との条約を破って、日本が残した兵器や弾薬などの物資を秘密裏に共産党に横流しします。

この時点では、一応、蔣介石の中華民国が「主権国家にしておいてあげている国」ですから、彼らの国際法の認識はどうであれ、当然、国際法違反になる行為です。しかしソ連にとっては、蔣介石と交わした条約など、単なる口約束にすぎません。

ソ連の攻撃は日本が降伏を受け容れて撤退しても続き、ソ連兵による中国人への略奪や強姦も横行します。日本の敗戦を機に、多くの中国人はこれで平和になると喜びますが、待っていたのは日本軍がいたときよりも悲惨な状況でした。

そして早くも一九四五年十月には国民党と共産党の武力衝突が始まり、国民党と共産党は内戦状態に突入します（国共内戦）。しかし当初、共産党は苦戦しました。

ソ連はヤルタ会談で勝手に決めたとおりに東北部の支配を復活させたので、そのソ連と繋がっている共産党を支持する中国人はいなくなりました。加えて、疲弊してはいましたが、日本と近代戦を続けてきた国民党に、引きこもってまともな戦いをしてこなかった共産党は太刀打ちできるような力はありませんでした。

ここでアメリカが、休戦を仲介するという体《てい》で介入し、一九四六年一月にジョージ・マーシャルを派遣します。当時はまだ、アメリカ政府内部でソ連のスパイが影響力を発揮していた時期です。第二次世界大戦で疲弊した欧州を立て直すマーシャル・プランで名高いマーシャルですが、完全に毛沢東に騙されます。アメリカが休戦をしてくれている間に、毛沢東は再び厳しい粛清を行ない、ソ連から軍事物資の援助を受けて軍を立て直しました。

その一方で、毛沢東は一九四六年六月、アメリカが蔣介石に軍需物資を援助していることについてマーシャルに抗議。これを受けてマーシャルは、アメリカから中国への武器弾薬の輸出禁止措置を採ります（さらに一九四六年十二月には、アメリカのトルーマン大統領が、アメリカ軍の中国からの撤退を表明します）。

このような情勢下、一九四六年六月に蔣介石は共産党支配地域への全面攻撃を開始。一九四七年までは共産党を圧倒しますが、しかし、アメリカの支援の先細りや、国民党軍中枢への共産党スパイの穿孔などもあり、次第に形勢が逆転していきます。毛沢東はスパイから情報を取りながら撤退を重ねて、敵を自分たちの根拠地の内奥まで誘い込み、一挙に殲滅する手法で国民党軍を弱らせます。一九四八年から一九四九年にかけて共産党の勢いはもはや覆せぬものとなり、不利を悟った蔣介石と国民党は台湾へ逃亡しました。

一九四九年十月、毛沢東は中華民国に代わって北京で中華人民共和国の建国を宣言します。以後、毛沢東は、恐怖という名の支持基盤を背景に、国際社会で大国としてふるまうようになります。

ちなみに、国共内戦のうちの三年間で、脱走と粛清で殺害された死者の数はおよそ一五万人に及ぶといわれています。もちろん、自国民に対して毛沢東が行なったことです。

あえていいますが、当然、自国民に対する国際法違反……いえ、こんなものは、ただの犯罪です。

人は殺してはいけません。まして、惨たらしく殺してはいけません。これが文明国の価値観です。しかし毛沢東には、明らかに文明国の価値観はありません。そんな人物が、中国の指導者の地位を手に入れてしまったのです。

ソ連共産党の他国支配システムと毛沢東

ソ連は、東欧諸国を「衛星国」として支配し、中国や北朝鮮もそうしようとしていました。しかし、ソ連が他の共産主義諸国を支配する仕組みは「内政干渉ではない」ことをご存知でしょうか。

ソ連の支配システムは、実は、まったく国際法には基づかないものです。なぜなら、「国家と国家の関係」ではないからです。

一九四三年に国際共産党＝コミンテルンは解散しますが、ソ連共産党はポーランドやハンガリーなど衛星国の共産党を手下とし、支配していました。なのに、「国家と国家の関係ではない」とは、どういうことか。

図を見ていただくとわかりますが、建前上、ソ連政府がソヴィエト連邦内の共和国や、ポーランド、ハンガリーなどの政府に影響力を与えることはしません。なぜなら、どの国も政府の上に党があるからです。

ソ連共産党とソ連と衛星国関係図

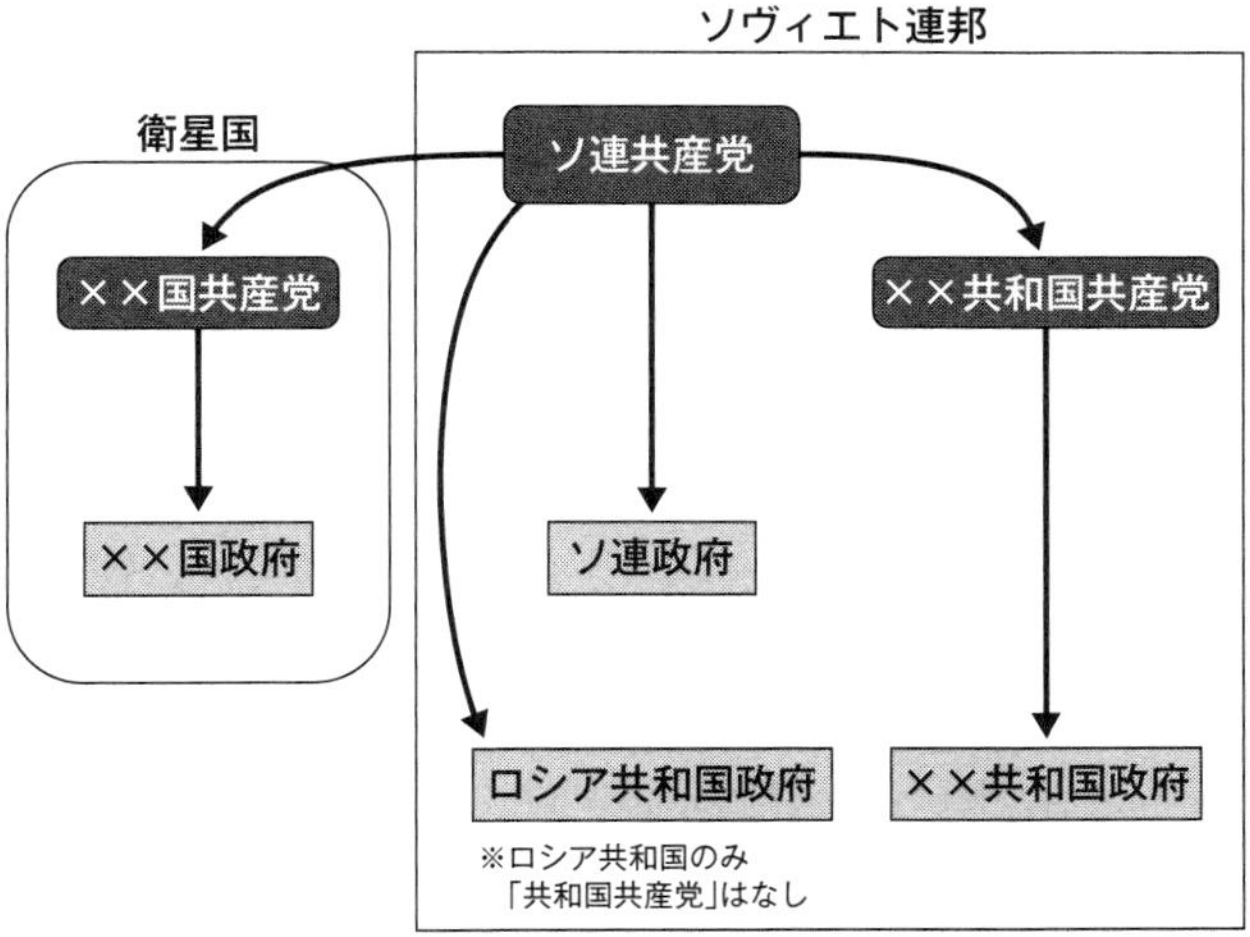

その党が国際的に繫がっています。指示伝達の流れは、ソ連共産党の決定が各国の共産党に下達されるという体《てい》を取ります。ソ連という国が衛星国に指示・命令を出すのではなく、党が党に指示命令を下すのです。

ロシア人はこのように、「これなら国際法違反、内政干渉ではないですからね！」という、面倒くさいカモフラージュが大好きなのです。

スターリンはこの仕組みを、東アジアでも同じようにやろうとしました。しかし、中国共産党の指導者として、毛沢東を最初から指名したのではありません。むしろ、毛沢東のやり方に危機を覚えて、外していた時期すらありました。毛沢東は一九三〇年代にスターリンが行なった大粛清を、山に籠《こ》もってゲリラ戦をすることで生き延びます。そして中国共産党内で権力を掌握していく段階では、今度はスターリンの教訓を自分の権力基盤を築くために徹底的に用いました。毛沢東は徹底的に政敵を排除してトップに立ち、その地位を認めさせたのです。

スターリンはそういう毛沢東に理解を示していたようで、どんなにムカついても手を切ることがなかったのですが、結果的に中国を東欧のような衛星国にはできませんでした。中国は華夷秩序の国ですから、自国でトップに立ってしまえば、他国の人間に頭を下げるという発想がありません。毛沢東にもその血が流れていたということです。

共産主義の恐ろしいところは、「富を持っている者から暴力で奪い取って分配すれば、皆が幸せになる」と発想するところにあります。すでにパイがあるというのが前提です。平等だ、分配だという大義名分を掲げつつ権力を手に入れ、権力を手に入れたら、人々の富を暴力で奪うのです。その典型がレーニンやスターリンです。

しかし、毛沢東は出すものがない者からも絞り取ろうとする時点で、経済の概念そのものがない人間です。自分の権力を維持し、自分だけが特別待遇を受けることに興味はあっても、他の人間のことなど知ったことではないのです。

毛沢東が一九五七年十一月にモスクワで開かれた共産主義諸国サミットで行なった演説を、ユン・チアン、ジョン・ハリデイ著　土屋京子訳『マオ　誰も知らなかった毛沢東（下）』（講談社、二〇〇五年）が次のように紹介しています。

〈毛沢東の演説は人類の受難に対する同情に欠け、戦争や死といった重大な問題に関してむしろ軽薄な姿勢さえ感じさせるものだった。

ここで、考えてみましょう。戦争が起こったら、何人の人間が死ぬか。世界には二七億の人間がおります。その三分の一はいなくなってもいい。あるいは、もう少し多目に考えて、半分を失ってもいい……つまりです、極端な状況でいうならば、半数は死に、半数は残る、しかし帝国主義は完全に打ち倒されて世界全体が社会主義になるわけです。

聴衆は「ショックを受け」「動揺した」と、イタリアから参加していたピエトロ・イングラオが著者に語ってくれた。毛沢東は、核戦争を何とも思っていないどころか、むしろ歓迎しているような印象を与えた。ユーゴスラビアの代表団長カルデリは、「毛沢東が戦争を望んでいることが完全にはっきりとわかった……」と述べている。スターリン主義を信奉する

フランス代表団でさえ、毛沢東の演説には驚愕した〉

毛沢東は執拗にソ連に対して核開発の技術をねだるのですが、死去したスターリンの後を継いだニキタ・フルシチョフは核技術の提供を拒んでいました。毛沢東のこんな発言を聞いたら、誰も毛沢東に核技術など渡す気にはならないはずです。

朝鮮南北分断――ウィルソンの「民族自決」はどこへ？

一方、北朝鮮の金日成は、ソ連共産党の指名と軍の保護を受けて北朝鮮のトップに立ちました。ソ連は北朝鮮のことは衛星国とすることに成功します。

先ほど、「同じ人殺しでも、スターリン主義なのか、毛沢東主義なのかは少し違う」と述べました。北朝鮮の金一族でいうと、初代の金日成はスターリン主義です。しかし、その後の金正日、いまの金正恩の二人は毛沢東主義です。理由は簡単です。国民の生活より核実験の成功を優先させているからです。

そもそも、北朝鮮という国ができたのは、日本が生真面目に敗戦を受け容れた後の真空状況を、ソ連が最大限に利用し尽くしたからです。それをいいことに、ここぞとばかりにソ連は押し出し、中国の東北部だけではなく、朝鮮半島の三十八度線まで掌握してしまったのです。ソ連を甘く見ていたアメリカは、封鎖された三十八度線より南だけを分割占領することに同意するほかありませんでした。

それにしても、ウィルソンの提言した「民族自決」はどこへ行ってしまったのでしょうか？　朝鮮に関してだけは、まるでそんなものは最初からなかったかのように、米ソ二国で朝鮮半島を南北に分断してしまいました。占領統治下に置いたとはいえ、民族を分断することなく治めていた日本と、自分で「民族自決」を煽っておいて、実際には守ろうとさえしないアメリカと、一体どちらの罪が深いのでしょうか？

さて、金日成はソ連の支援を受けながら、三十八度線より南の半島を統一するべく準備をし、一九五〇年六月二十五日に宣戦布告なしに韓国への侵攻を開始します。

北朝鮮軍は三日後にはソウルを陥落させます。当時の大統領・李承晩は、北朝鮮が侵攻してくると国民を置いてさっさと逃げてしまい、あげくの果てには日本の山口県に臨時政府を立てさせてくれと頼む始末。

しかも、その一方で、サンフランシスコ条約に竹島の領有権を韓国のものとすると明記させるべく働きかけているのですから、何とも韓国らしい話です。

韓国は朝鮮戦争勃発前に、朝鮮唯一の合法政府であるとして国連に加盟を申請していましたが、国連加盟が認められたのは、何と一九九一年のことです。ソ連が拒否権を行使したこともありますが、アメリカも、他国の力ばかりをあてにして、自力救済能力のない韓国政府を国扱いすることはありませんでした。

このことからも、韓国の位置づけというのは、明々白々です。

朝鮮戦争をめぐる各国の思惑

さて、アメリカはこの事態を受けて、六月二十七日、国連安保理で北朝鮮を侵略者と認定させ、七月には国連軍を結成します。このときのソ連の思惑は既述のとおりです。

北朝鮮軍は朝鮮半島をほぼ攻略し、南端の釜山近郊まで攻め寄せますが、国連軍が同年九月十五日に朝鮮半島中部の仁川に上陸すると、北朝鮮軍は補給路を断ち切られて押し戻され、九月末には国連軍がソウルを奪還。李承晩はさらに韓国軍を一気に北上させて、国連軍と共に平壌を攻略し、十月末までには中朝国境の鴨緑江まで国連軍が進出します。

すると、国連軍が北朝鮮に入ったら介入すると警告していた中国が参戦します。膨大な兵士の人海戦術で国連軍を押し戻し、再度、ソウルを攻略。その後、国連軍が三十八度線付近まで押し戻すというアコーディオン戦争になりました。

アメリカにとって、この戦争の相手は、北朝鮮の後ろにいるソ連と、後から参戦してきた中国だという認識でした。朝鮮は、欧米列強がアジアに進出してきたときから〝シアター＝場〟以上と認識されていなかったことがわかります。

金日成にとっての朝鮮戦争とは、半島の統一と戦争の勝利によって国内基盤を強める意味がありましたが、南側の韓国にしてみれば、北朝鮮はあくまでソ連の傀儡国家でしかなく、半島や民族の統一に向けてアメリカの占領から解放してくれる勢力とは到底思えません。

一方、毛沢東は、朝鮮戦争に大規模に介入しながらも、アメリカと本気で戦争をする気はありません。だから、正規軍にはせず、人民義勇軍を募る形を取っていました。中国の戦いはあくまで自衛の範囲です。毛沢東にしてみれば、別に金日成を助けるつもりは毛頭ないのですが、勝手に恩義を感じてくれれば一石二鳥です。

ソ連もアメリカとの戦争を望んではいません。ソ連にしてみれば、金日成がどうしてもやりたいというから、やらせてやっただけなのです。以後、金日成はソ連への追従をやめてしまいます。共産主義に変わって、北朝鮮独特の「主体思想」が登場するのは、この時期からです。

さて、この朝鮮戦争でも、毛沢東の野蛮人ぶりが炸裂します。毛沢東にとって、戦争で人が殺せるのは都合がよいのです。

抗日戦争時代にもやっていたことですが、朝鮮戦争でも、わざと投降者などを死地に放り込んだのです。朝鮮戦争の場合は、国共内戦で投降した兵士たちや、負けた軍閥が投入されました。強大な国連軍と戦わせて、しかも、逃げられないように、督戦隊が後ろで強い武器を持って脅しあげます。「お前の死に意味を与えてやる」というわけです。

第二次世界大戦中、ドイツとソ連では、軍規や命令違反を犯したものを懲罰大隊という名の部隊に配属させた例があるといわれています。ソ連軍の場合、横一列に並ばせて地雷原に突入させ、その身で地雷の爆破処理をさせた例が有名です。

こうなると、前に進んでも死ですが、逃げても死しかありません。共産党的な発想でいけば、基本的に投降してきたものはスパイなので、どんなことをしても最後には殺します。最初から死んでもいい人間という扱いなので、運よく勝って戻って来たとしても、褒美をやる必要はありません。生きて戻っても結局は同じことです。これでは、敵国ではなく自国兵士に対する戦時国際法違反です。しかし毛沢東からすれば、これで国も守れて、自分の立場が良くなるのですから、こんないいことはないわけです。

加えてマッカーサーの作戦の稚拙さも中国軍に味方しました。毛沢東はわざとマッカーサーが補給路を伸ばすように仕向け、伸びきったところを襲撃します。毛沢東の十八番の戦術です。

地上軍を投入してみたはよいけれども、マッカーサーの計算は毛沢東にはまったく通じず、兵士たちは恐怖に怯えます。「アジアで地上戦をしようとする者は、精神鑑定にかけるべきだ」と声を荒らげ、核兵器の使用まで提案して、ローズベルト大統領の後を継いだトルーマン大統領を国際舞台で窮地に立たせてしまいました。

日本再軍備のチャンスを棒に振った吉田茂

さて、国際法的にいえば、敗戦国からでも取り上げてはいけないものがあります。「自力救済能力」です。しかし、アメリカは最もやってはいけない国際法違反、憲法改正に着手し、日本から軍備を取り上げてしまいました。

しかしながら、そのアメリカが、一九五二年にはいまの自衛隊の前身に当たる警察予備隊の創設を指示します。

そのきっかけになったのが、朝鮮戦争です。日本にとっては敗戦後の高度成長をもたらした出来事として教科書で習います。しかし、この戦いが日本にも飛び火していたことは、あまり知られていません。

大学の法学部生や司法試験や行政書士試験などの資格試験を受ける人が絶対に覚えておかなければならない憲法判例がいくつかありますが、その中の一つに「高田事件」があります。

昭和二十七年（一九五二）六月二十六日早朝、愛知県大韓民国居留民団の元団長宅を、北朝鮮系の朝鮮人が襲撃し、元団長宅が逃げた先の高田派出所や、無関係の日本人の家にもなだれ込んで元団長を袋叩きにしたという事件でした。元団長が逃げ込んだ派出所には火炎瓶を投げ込んで焼き討ちしたり、備品を破損したりの乱暴狼藉です。事件当日は朝鮮戦争勃発の二周年記念日で、その日を前後して全国各地で日本人も巻き込んだ抗争が繰り返されていました。

法学部生用の教材としては、迅速な裁判を受ける権利の問題として扱われます。当時、高田事件以外にも全国各地で日本にいる韓国人と朝鮮人の抗争事件が頻発していて、この事件の被告人が三大騒乱事件の一つといわれる大須事件にも関係していました。弁護人の要請で大須事件の審理が終わってから審理を再開することになっていたところ、十五年も審理が止まったことが問題とされたのです（ここでは、裁判を迅速に受ける権利よりも、事件そのものが大事なので、憲法解釈に関しては省略します）。

一九五二年は日米安保条約が発効した年で、日本国内では革新勢力が先鋭化していました。日本共産党も武装闘争を打ち出していたので、公安事件が多発しています。

とはいうものの、戦場ではない、しかも他国の土地で、殺傷能力のある火炎瓶を投げつけるなど、迷惑この上ない話です。

一九四五年十二月に起きた生田警察署襲撃事件では、五〇人を超える朝鮮人を制圧するため連合国軍が出動する騒ぎになっています。その後も毎年、数十人単位の朝鮮人が警察署を襲撃する事件が相次ぎ、朝鮮戦争が始まるとさらに件数も増え、規模も大きくなっていきました。

一度は日本からすべての武力を取り上げたアメリカでしたが、治安維持と日本の防衛の必要性から警察予備隊の創設を命令したというわけです。ダレスが来日して、本格的な軍備をするよう求めますが、吉田茂首相は拒否しました。

さて、この朝鮮戦争で国連軍に参加した国を見てみましょう。イギリス、フランス、トルコなど一六カ国に上ります。イギリス、フランスは常任理事国で大国ですから、そのことを示すためにアメリカに〝手伝い戦〟をします。参加していても結果的にはアジアでの発言力を失いますが、参加しなければ、国連の大義が失われます。では、トルコは何のために来たか？　それは、ソ連に対して、「いざとなったら俺たちはお前らを殺す覚悟があるんだぞ」との意思を示すためです。

私は、このときこそが帝国陸海軍を復活させる大チャンスだったと考えます。残念ながら、吉田茂というのは本当に軍人、特に陸軍のことを嫌っていました。奉天総領事をしていたときは、むしろ吉田自身が、そんなことやったら侵略と思われるからやめろといわれるようなことをして平気だった人ですが、戦時中の経験が、よほど嫌だったようです。なにしろ、憲兵の監視つきの生活のあげく、刑務所に放り込まれたのですから。

しかし、それは過去の個人的経験にすぎず、同情の余地はありません。

トルコ人までが自分の安全保障の問題だと戦っているときに、隣の日本が何もしていない。アメリカが再軍備を求めてくるという絶好の好機を逃した吉田の罪は重いといえましょう。

総力戦思考であるがゆえに足をすくわれたマッカーサー

アメリカを中心に派遣された国連軍には、「韓国に侵入した敵を撃退し、この地域における国際平和と安全を回復する」ことという目的が明示されていました。アメリカ本国の認識はこれに沿ったもので、開戦当初の三十八度線より南を守ればよいと考えています。「目的限定戦争」です。

ところが、国連司令官のマッカーサーは朝鮮半島全体を取り返すべきだと考えていました。北朝鮮は壊滅させるべきで、背後にいる中国やソ連などの共産主義勢力にも打撃を与えるべきだという「総力戦思考」を胸に抱いていたのです。緒戦の劣勢を盛り返して北進が始まると、アメリカ本国もマッカーサーの路線に乗ります。

これがかえって毛沢東によって足をすくわれることとなり、国連軍の大きなダメージに繋がっていきます。鴨緑江に北朝鮮を追い詰めたところで、毛沢東は川を渡って逆襲してきました。マッカーサー率いる国連軍は三十八度線の南まで大敗走です。

総力戦思考のマッカーサーは朝鮮戦争で原爆を使うことにも積極的でした。マッカーサーを解任する前の一九五〇年十一月、トルーマンも記者会見で「原爆の使用について積極的考慮が払われている」と発言しています。

広島・長崎の記憶が生々しい時代に、再び核兵器使用の可能性が示されたことに激しく反発したのは、東側諸国よりも西側諸国でした。一九四九年にソ連が核兵器を製造・保持していることを明らかにしたので、もはや核兵器はアメリカだけが持つ兵器ではなくなっています。もし、アメリカが北朝鮮や中国国境で核兵器を使用すれば、ソ連はその矛先を国連軍に参加している欧州諸国に向ける可能性があります。

トルーマン自身は核兵器の使用は否定的な立場を取っていましたが、事実、使用の検討はされており、不向きという理由で使用は見送られたのです。

しかし、この原爆を使うことも検討したという発言は、東側諸国によって反米感情を煽り立てるプロパガンダに利用されてしまいます。

アメリカは世界で唯一原爆を戦争に使用した国です。核兵器の残酷さは、広島と長崎の惨状を知れば、誰もがすぐに理解できます。しかし、そのことを熟知している日本人ですら、アメリカが原爆を使ったことについては、アメリカの正当性を語るプロパガンダに犯されています。当時、世界的に「大日本帝国＝悪」の図式が完成していました。日本になら原爆を落としてもどこからも文句が来ないことが計算できたうえで、アメリカは原爆を使用したのです。

一九五一年四月、マッカーサーは勝手に台湾の国民党軍を参戦させようと議会に働きかけ、それが本国で公にされます。トルーマンは、重大な軍規違反を犯したマッカーサーを解任しました。

核の先制使用が「国際法違反」にならない場合もある

さて、いま現在、日本の周辺諸国には核武装している国が三カ国あります。中国、ロシア、北朝鮮。いずれも、ならず者国家ばかりです。このならず者どもが、憎き日本に核ミサイルを撃ち込まない理由は何でしょうか。

もちろん、日本が憲法九条を守り、平和を愛する近隣諸国を信じているからなどではありません。ひとえに、アメリカの核の傘があるからです。

核兵器は非人道的兵器です。使うべきではありません。しかし、非人道的だから使わなかったわけではないのです。

二〇一六年八月十五日、アメリカのワシントン・ポスト紙が「オバマ政権が導入の是非を検討している核兵器の先制不使用政策について、安倍晋三首相がハリス米太平洋軍司令官に『北朝鮮に対する抑止力が弱体化する』として、反対の意向を伝えた。日本のほか、韓国や英仏など欧州の同盟国も強い懸念を示している」と伝えました。

現在も「軍事は政治の延長である」というテーゼは健在です。国際社会は「鉄と金と紙」によって動いています。その三つのうちの「紙」こそ、政治の武器です。自分の身を守り、敵を攻撃する武器であり、プロパガンダの道具です。

ところで、まだ軍事行動を起こしていない相手に核兵器をぶち込むのは国際法違反でしょうか。

核兵器は非人道兵器なので使うこと自体が問題です。しかし仮に、核兵器を持っている国が、ある国から「お前の国を火の海にしてやる」といわれたときに、先に核兵器を使用したら侵攻であり、国際法違反なのでしょうか。

侵攻（aggression）とは「挑発もされないのに、先制武力攻撃をすること」をいいます。重要なのは、「先に殴ったのはどちらか」ではなく、「どちらが挑発したか」＝「戦いの原因をつくったか」です。

昔、テレビ朝日の『朝まで生テレビ！』で、元プロレスラーの前田日明さんが辻元清美氏に対して、「やらんかったらやられるという状況で、先にやったって国際法違反ではない」と説教していました。武力攻撃の際に核を使うかどうかの問題以前に、「やらんかったらやられる」と思われる状況かどうかが重要、ということです。

ただ、やられた相手とその仲間は「国際法違反だ」「侵略（aggression）だ！」と、プロパガンダするでしょう。国際法がプロパガンダの武器になるというのは、そういう意味です。

オバマが「核の先制使用はしない」といったことの意味は、ならず者に「こっちが先にやられることはないな」と思わせたということです。少なくともそういうメッセージを送ったことは間違いありません。何の目的があるのかはさっぱり理解できません。

ワシントン・ポスト紙の記事に対して、日本国内の各紙は、同月二十日の記事として、安倍首相は「核の先制不使用についてのやりとりは、まったくなかった。どうしてこんな報道になるのかわからない」と否定し、「先般、オバマ大統領と広島を訪問し、核なき世界に向け決意を表明した。着実に前進するよう努力を重ねたい」と従来の見解を繰り返したうえで、先制不使用については「米側は何の決定も行なっていないと承知している。今後も米国政府と緊密に意思疎通を図っていきたい」と答えていると伝えました。

安倍首相は公式には何もいっていないと言明しつつ、オバマの発言も否定しています。要約すると「私は聞いてない！」ということです。

「核の先制使用は、いかなる場合でも国際法違反となるわけではない」ということは、覚えておきましょう。

第4章　キューバ危機・ベトナム戦争・文化大革命

スターリンを批判しつつ東欧の自由化運動は鎮圧

北朝鮮、中国、アメリカに厭戦《えんせん》ムードが漂うものの、朝鮮戦争は休戦の合意を得られないまま三年目の一九五三年を迎えました。その年、アメリカでは大統領がトルーマンからアイゼンハワーに代わり、ソ連ではスターリンが死去します。後継のマレンコフは、朝鮮戦争の休戦を働きかけ、休戦協定が成立します。

スターリンの死後三年を経て、マレンコフの後にソ連の最高指導者となったフルシチョフは、突如としてスターリン批判を始めます。そのことを反体制活動派の非合法雑誌「時事日誌」が伝えた折の、有名な社会風刺のジョークがあります。

〈フルシチョフが壇上から独裁者スターリンをはじめて批判し、スターリンの専横ぶりを数えあげたとき、出席していた党委員のなかから声があがった。

「そのとき貴方《あなた》はなにをしていたのですか?」

すると即座にフルシチョフが応じた。

「いま発言したのはだれか、挙手していただきたい」

だれも挙手する者がいなかったので、フルシチョフは答えた。
「いまの貴方と同じように、私も黙っていた」〉
（川崎浹《とおる》『ロシアのユーモア　政治と生活を笑った三〇〇年』講談社、一九九九年）

彼のスターリン批判は、東欧の衛星国にも衝撃を与え、東ドイツでの自由化運動や、ハンガリー動乱を誘発します。小室直樹先生は『ソヴィエト帝国の最期』（光文社、一九八四年）で、スターリンを否定するということは、「キリストが悪魔だった」というのに等しいことで、共産主義者の中に急性アノミー（心的自己喪失）を起こさせたと指摘しています。

いまでも中国が毛沢東の否定をしないのは、アノミーを起こさせないためです。逆にいえば、アノミーを起こさせないために毛沢東を思い出させることもあるわけです。現代中国で毛沢東が持ち上げられるときというのは、中国国内に異変が起きている証左ということもできるでしょう。

フルシチョフは、イスラエル建国に端を発したスエズ動乱（第二次中東戦争）では、いきなりアメリカと手を組んで、英仏を核の恫喝で黙らせます。平和共存路線を模索していたとする説もありますが、それであれば、同時期に東ドイツやハンガリーの自由化運動を軍で鎮圧などしないでしょう。

フルシチョフは東欧の衛星国の自由化を許すことはありませんでした。軍を送って鎮圧しています。

サンフランシスコ平和条約は「片面講和」？

ソ連のスターリンが死去したのは、一九五三年三月五日のことでしたが、先述したように日本が主権を回復し、占領から脱したのは、そのおよそ一年前、一九五二年四月二十八日のことです。前年、一九五一年九月八日に結ばれたサンフランシスコ平和条約が、この日に発効したのです。

第2章で述べたように、宣戦布告で始まって講和条約発効で終わるのが戦争です。つまり日本の戦争がようやく終わったのです。

この講和条約交渉については、日本国内で「片面講和か全面講和か」という、おかしな論争がありました。ソ連など共産主義諸国も含めてすべての国々と講和条約を結ぶべきだというのが「全面講和」。冷戦中なのだから、まずはアメリカをはじめ西側を中心とした諸国と講和条約を結ぼうというのが「片面講和」と呼ばれたのです。

しかし、これはおかしな話です。日本はサンフランシスコ平和条約で、先の大戦のわが国の敵国のうち、圧倒的な多数と講和しているのですから、「片面講和」などという言葉ではなく「多数講和」と称するべきなのです。

ソ連がサンフランシスコ平和条約の調印を拒否したのは、「日本は樺太南部と千島列島の領有権を放棄する（そこには、いま問題とされている北方四島は含まれないというのが外務省の公式認識）といいながら、ただ、放棄するというだけで、領有権がソ連に移るという内容ではなかったため」とか、「会議に中国代表が呼ばれなかったため（アメリカは中華民国＝国民党政府が代表だと主張し、イギリスとソ連が中華人民共和国＝共産党政府が代表だと主張したため、結局、どちらも呼ばれなかった）」などとする見方が長らく流布されてきました。

しかし近年、ソ連崩壊後に流出した極秘文書から、ソ連は最初から調印しないと決めていたことが明らかになっています（名越健郎『クレムリン秘密文書は語る』中央公論社、一九九四年）。サンフランシスコ平和会議に一九四九年に建国したばかりの毛沢東の北京政府を中国代表として参加させること、米英が作成した条約案のソ連側の修正が拒否された場合は調印式に出席しないこと、などソ連共産党が指示を出していたのです。

いうまでもありませんが、ほとんど日本と戦っていなかった毛沢東の北京政府が蔣介石の国民政府を押しのけて、サンフランシスコ平和会議に入るなど、ナンセンスです。外交の道具として利用しているということです。

また、当時、ソ連側がつくっていた修正案を見ると、ソ連の千島列島領有の正当化はもちろんですが、日米安保条約の締結阻止や、日本における軍隊の撤退と基地保有の禁止などの項目がありました。名越氏はこれを日本の中立化を狙った内容と書いていますが、それは真の意味での中立ではありません。

中立とは、どこの味方にもならないことをいいます。非武装中立などといいますが、そんなことができる国はありませんし、存在しません。非武装ということは武装された敵に襲撃されれば一巻の終わりです。

つまり、ソ連がもくろんだのは中立などではなく、「日本は、いつでも侵略できる更地《さらち》になれ」ということです。サンフランシスコ条約にソ連が調印する条件は、日本以上にアメリカが絶対にのめない内容でした。

日ソ国交回復交渉と売国奴

スエズ動乱の前年の一九五五年、日本では「五五年体制」と呼ばれる自由民主党の長期政権が始まる年です。長きにわたって政権を離さなかった吉田茂に代わり、鳩山一郎が首相の座につきます。

その鳩山が日ソ国交回復交渉に臨んだのが、ソ連のフルシチョフでした。それまで政権を執っていた吉田がアメリカにべったりだったこともあり、鳩山はスターリンが死んで東西冷戦に「雪解け」ムードが漂いはじめた共産主義国との外交を掲げていました。ようやく吉田を倒して政権を握った鳩山としては、吉田のような大きな実績を、ソ連との国交交渉でつくろうとしたのです。実際、北洋漁業の問題や、シベリア抑留者の帰還、北方領土の問題が未解決のまま止まっていました。

ちなみに、日ソ双方ともに「両国は戦争状態のままである」という認識でいたことが重要なので押さえておいてください。

一九五六年の日ソ交渉は、その北方領土問題で答えが出ず、交渉は難航します。功を焦った鳩山首相が外務省の頭越しに交渉を進めたため、外務大臣の重光葵《まもる》からもそっぽを向かれています。そして、ソ連に入って交渉を進めたのは農林水産大臣の河野一郎でした。

アメリカはＣＩＡを使って、この三人に圧力をかけていたといいます（有馬哲夫『ＣＩＡと戦後日本　保守合同・北方領土・再軍備』平凡社、二〇一〇年）。外交官出身の重光は親米派の吉田の路線を守り四島一括返還を譲りませんでしたが、一方の鳩山、河野は歯舞・色丹の二島で妥協してもよいと考えていました。

サンフランシスコ条約には領有権の定めはありませんが、アメリカは、「日本が歯舞・色丹の二島で妥協するということは、ソ連に国後・択捉を差し出すのと同じだ」と受け取っています。アメリカは早い段階から、重光に対して、「もし日ソ交渉で二島で妥協することを決めたら、こちらも沖縄の領有権を要求する可能性がある」と示唆していました。

最終的な交渉は、脳溢血で半身不随の鳩山がソ連に乗り込んで行なわれることになりましたが、その前に一度だけ、重光が急に態度を軟化させ、二島による決着を打診してきたことがありました。鳩山はそれを拒否します。鳩山にもアメリカは重光同様に二島で妥協したら沖縄返還を再考するという連絡が入っていました。

有馬氏が調査したCIAの報告書によると、モスクワに赴く前の重光に、大麻唯男を通じて河野から一〇〇〇万円の金が手渡され、大麻はこのとき、そこから手数料として、幾ばくかを懐に入れていたといいます（前掲書）。

病身の鳩山に付き添い、交渉に当たったのは、その河野です。前掲『クレムリン秘密文書は語る』に、ロシア政府公文書委員会現代資料保存センターで公開された当時の裏交渉のソ連側議事録が引用されています。裏交渉をしていたのは河野と、河野とは漁業交渉で気心が知れている間柄のイシコフです。名越氏も指摘する目立った点を取り上げておきます。

まず、河野はイシコフに対して「公式交渉の場ではいいにくいことについて触れる場を設けてほしい」と求めました。この日ソ交渉の段取りは、外務省の頭越しに自民党主導で行ない、外務省はそのことで鳩山とうまくいかなくなっています。

その上、よりによってソ連相手に日本の根回し外交を持ち出すなど、ソ連というファシズム国家というものをまったく理解していません。ユーゴスラビアのチトーなどは、フルシチョフに自国の敷居をまたがせませんでした。同じ共産党でも、小国の共産党が大国の共産党と仲良くすればのみ込まれるのです。

では、日本はどうかというと、小国ですらありません。そして、河野は一閣僚の分際です。そして、そこはモスクワです。おそらく、イシコフも「こいつ、わかってないな」と思ったのでしょう。即、お断りされています。

そして、次が大問題です。河野はまだ国交が樹立してもいないソ連に対して密約を持ちかけていました。ソ連が出してきた宣言案に歯舞・色丹の二島の明記を懇願し、その代償に「アメリカが沖縄と小笠原を返還しないかぎり、われわれも国後と択捉の問題を持ち出さない」と提案しています。この密約が日ソ共同宣言に二島返還を盛り込む契機になっていたら、それは日本側が持ち出した構想だということになり、日本は国後、択捉に固執しないと伝えるようなものです。

さらに、河野は自民党の党利、党略を前面に出しており、「この条件は貴国から提案されたものだということにしてほしい。日本国民にとっても、そのほうが自然に映るからだ」と、国民を欺くような発言もあります。

有馬氏は、河野が外務大臣を引く気になっている重光に金を渡して、日ソ交渉で失態を演じるように頼んだということだろうか？　といぶかしがっています。スパイだとすれば納得ですが、名越氏の引用した資料から察すると、スパイというよりもバカ、あるいは売国奴というべきでしょう。

安保条約改定、せめてなりたや満洲国

一九六〇年に岸信介政権下で、日米安保条約の改定が行なわれました。終戦後に吉田茂が締結した最初の日米安保条約では、在日米軍の日本防衛義務も明記されておらず、日本国内の内乱や騒乱の鎮圧も米軍ができることになっていたなど、内容が片務的でした。これでは

アメリカが日本を軍事的に支配しているのと同じです。

このときの安保法案改正で岸が考えていたのは、少しは対等な条約に近づけようということです。警察予備隊が創設されたこともありますが、国内の内乱に米軍が出動できるというのはサンフランシスコ平和条約締結後もさらに占領統治が続くのと同じです。岸の安保条約の大前提は、将来的に米軍がいなくなるという想定です。

岸は満洲で商工省の役人をしていた経験があります。だから、アメリカと日本の関係を、かつての日本と満洲の関係くらいにはしたいという具体的なイメージがあり、新しい安保条約は、かつて日本と満洲国が結んだ「日満議定書」くらいの内容にはしようと考えていたのでしょう。

日満議定書の内容は、「満洲国の防衛は関東軍に委託し、その経費を満洲国が負担する。関東軍が必要な施設の管理や新設は日本に委託する。関東軍が必要な設備に援助を行なう。日本人を参与とするほか、関東軍司令部の推薦の日本人を中央または地方にも登用し、その解任には関東軍司令部の承諾を必要とする」というものです。満洲を日本、日本や関東軍をアメリカ、在日米軍と読み替えるとイメージが湧くと思います。当時の日米安保条約とは、それよりも日本を隷属させるだけの内容だったのです。

日本は、いまもまだシアターのままです。国際社会の中で、世界一国際法を遵守し、世界の平和を守りたいのであれば、まず日本が小国でいいから、アクターに戻らなければなりません。それにはしっかりとした「自力救済能力」を身につけつつ、せめて〝きちんとアメリカの属国〟ができなければなりません。

せめて、なりたや満洲国――。

かつて日本の属国だった満洲国は、それなりの自助努力をしていました。ノモンハン事件などは、日満連合軍とソ蒙連合軍の戦いです。

いまの日本はアメリカに対して、「拉致被害者を取り返してきてくれ。ウチは憲法があるので自分では助けに行けないし、軍事力も持っていないので」などと、悪ふざけとしか思えない態度です。

私が、「せめて、なりたや満洲国」「きちんとアメリカの属国」というのは、拉致被害者を取り返すくらいのことをしよう、ということです。

集団的自衛権について内閣法制局を糾《ただ》す

以下は、平成二十七年（二〇一五）八月十九日参議院・我が国及び国際社会の平和安全法制に関する特別委員会での和田政宗議員の質疑応答から、横畠裕介内閣法制局長官との部分を全文引用します。

〈○和田政宗君　集団的自衛権については、まったく何もないところから、昨年、政府解釈により集団的自衛権が生み出されたというような誤解をしている方もいます。しかし、集団的自衛権は我が国が保有するということは一貫して政府も認めてきており、その行使については昭和四十七年の政府見解によってできないとしたわけです。つまり、キャップをかぶせて制限をしたわけです。それを、昨年、政府解釈の変更によってキャップを外して行使できるとしたわけで、我が国の防衛のため過度の制限を外したわけです。

そこでお聞きしたいのですけれども、昭和三十五年三月三十一日の参議院予算委員会において、林修三内閣法制局長官が、集団的自衛権には幅のある解釈がある、日本が基地を提供する、経済的援助をすることを憲法上認められないというのは言い過ぎであると答弁していることや、昭和三十四年七月の衆議院外務委員会のやりとりからは、政府は当時も憲法上行使可能な集団的自衛権があり得ると捉えていたということでよろしいと思うんですが、内閣法制局はどうでしょうか。

○政府特別補佐人（横畠裕介君）　集団的自衛権という考え方は国連憲章において初めて登場したものでございまして、御指摘の昭和三十年代におきましては、その内容等についてなお議論があったところでございます。

当時の岸総理の答弁等では、他国の領域に出ていってその国を守ることをその最も典型的な行為であり憲法上許されないとする一方、他国に対する基地提供や経済的援助等も集団的自衛権と呼べば呼べないこともないというような答弁がございます。

その後、個別的自衛権及び集団的自衛権というのは、そのような基地の提供でありますとか経済的援助ということの根拠ではなくて、実力の行使に係る概念、すなわち武力を行使する場合の要件であるというふうに整理され、その理解が定着しているところでございます。

今般の新三要件につきましても、そのような武力の行使の要件であるという意味での個別的自衛権、集団的自衛権という概念を前提として整理をしているところでございます。

○和田政宗君　時間が来ておりますのであれですけれども、相手国まで出かけていってその国を防衛する集団的自衛権は認められないけれども、それ以外の集団的自衛権については行使し得るという解釈であったというふうなことであるというふうに思います〉

内閣法制局長官の答弁は、政府見解です。本質を忘れてこんな議論ばかりしている内閣法制局。それに唯々諾々と従う政治家。和田さんなどはよく切り込んだと思いますが、こういう議論すら起きないのが日本の国会です。

戦後レジームからの脱却どころか、拉致被害者の奪還すら心もとないのが安倍内閣。安倍さんよりマトモな政治家が見当たらないのも、日本政治の現状。

嘆かわしいと思います。

国際法で読み解くと「自衛隊」とは何なのか？

拉致被害者奪還は、「自力救済能力」の基本の「キ」です。では、自衛隊は何なのか。自力救済の主体ではないのか。そんな声が聞こえてきそうです。

しかし残念ながら、日本の自衛隊は軍隊ではありません。

「武装していれば軍隊」というわけではありません。実際問題として、自衛隊は装備も足りていませんが、装備品のレベルの問題ではないのです。まして、名前の問題でもありません。

その組織を「軍隊」と呼ぶには、二つの要件があります。一つは、有事法制が絶対にやってはいけないことだけを定めた禁止事項列挙型のネガティブリスト方式となっていること。二つ目に、自己完結型の組織であることです。

普通の軍隊は、ネガティブリスト方式です。つまり、「やってはいけないことが決められていて、有事にはそれ以外のことはやっていい」ということになっているのです。しかし、日本の自衛隊は「許可事項列挙型＝ポジティブリスト方式」になっています。つまり、法律で決められたことしかできない、ということです。そのため、日本の有事法制はやってもいいことを逐一法律にしています。

では、軍隊が相手にするものとは何でしょう。敵です。「敵」は日本の国内法に縛られる存在でしょうか？ そんなことはありえません。ということはつまり、日本の国内法で縛られている自衛隊が、日本の国内法に縛られない「敵」と戦う、ということです。それで、はたして戦えるのでしょうか。勝てるのでしょうか。無理です。

次に、軍隊が自己完結型の組織であるということは、軍が必要と判断したときは政府の指示を待たずに動くことができるということです。敵が領域を侵犯してきたときに政府の決定を待つことなく応対ができ、任務を遂行することができる物理的な準備が常にできているということです。ただし、この能力は諸刃の剣で、軍隊とはクーデターを起こすことができる力があるかどうか、と言い換えることもできます。

自衛隊はクーデターを起こすことはできません。平成七年（一九九五）一月十七日の阪神・淡路大震災のとき、自衛隊が出動すべきとき、自衛隊は自らの判断で動くことができず、国民を助けることができませんでした。自衛隊は政府から命令を受ける存在であり、一行政組織の枠を超えてはいないのです。

自衛隊を考えるだけでも、国際法の理解があるのとないのとでは違ってくることがおわかりでしょうか。

日本は、なぜか国民的な合意として軍隊を持つという意思がない不思議な国です。なぜ軍隊を持たないのか？　戦争ができる国になるから、と答える人もいるかもしれません。しかし、それは国際社会で国として認められなくてもいいという意味になります。国として認められないということは、やられたい放題を許すという意味です。だから「日本の常識は世界の非常識」なのです。

国際法で認められている権利の行使について「文句」はいえたとしても、「咎《とが》める」ことができるものは、世界のどこにもいません。だから、その権利を行使するかどうかの決断は、日本人の責任です。中国や韓国が何といおうが、軍隊を持ち、自分の国を守ることは、当然の権利だといっても構わないのです。

げんにいま、中国や北朝鮮は、日本に対して何をしてきているでしょうか。相手が守らないものを、こちらだけが律儀に守る必要はまったくありません。

カストロとゲバラのキューバ革命

さて、ウィルソンが民族自決を提唱し、いま現在まで続く植民地の独立紛争の火の粉を撒いたアメリカですが、身勝手なことに、自分の庭先である中南米には好き勝手を許しませんでした。それは現在に至るまで、民主党も共和党も関係なく、国是となっています。

キューバはフロリダの目と鼻の先にある島国です。アメリカは、その支配権を一八九八年の米西戦争でスペインから奪い取りました。キューバが接するフロリダ海峡は、大西洋からメキシコ湾のニューオーリンズ港への通り道ですから、自国の勢力下に入れておきたい場所です。建前ではキューバの独立を認めながら、事実上アメリカの保護国にしました。

このときアメリカは、キューバへの内政干渉を行なうことができる権利と、グアンタナモ基地を置くことを認める憲法修正案（プラット修正条項）を押しつけています。どこかの極東の国で聞いたような話です。一九〇三年に、毎年金貨二〇〇〇枚（現在の金額で四〇〇〇米ドル）で永久租借することを認めさせ、いまも返還されていません。

アメリカの保護化に置かれたキューバは、一九五二年に軍人のバティスタが軍事クーデターを起こし、独裁政権を立てますが、このバティスタもアメリカの息がかかった傀儡です。

それに反発して抵抗活動を始めたのがフィデル・カストロとチェ・ゲバラの二人でした。カストロもゲバラも、反米活動をするうちに共産主義に共鳴します。この二人の主導で一九五九年にキューバ革命が成立しました。

アメリカ政府は二人が共産主義者の可能性が高いと知ると、態度を硬化させます。こうなると、カストロはソ連を頼ります。一九六一年一月にアメリカとキューバは国交を断絶します。

アイゼンハワーの後に大統領に就任したケネディは、カストロ政権を軍事力で打倒しようと四月にピッグス湾事件を起こします。亡命キューバ人一五〇〇人の部隊を編成し、武器を供与し、訓練したうえでキューバのピッグス湾に上陸させたのです。しかし、事前に行なった米軍機によるキューバ空軍基地覆面爆撃も失敗。亡命キューバ人部隊も、あっという間にキューバ正規軍の返り討ちに遭い、わずか二日で撃滅されます。

その結果、キューバ政府は共産主義国へ転じる態度を鮮明にして、さらにソ連へ接近していきました。カストロは二〇〇六年までの約半世紀の間にＣＩＡから六三八回も命を狙われたといわれます。

キューバ危機はアメリカの大きなマイナス

翌一九六二年、カストロはソ連と軍事協定を結び、ソ連から支援を受けるようになります。その一つがソ連の核ミサイルでした。十月、自分の裏庭に核ミサイルが設置されたアメリカは慌てます。ケネディとフルシチョフとの交渉が持たれました。

解決までの二週間、全世界が核戦争の恐怖に怯えます。第二次世界大戦直後にはアメリカだけが核保有国でしたが、ソ連がそれに続き（一九四九年）、さらに英（一九五二年）、仏（一九六〇年）も核を保有するようになりました。恐ろしいことに、あの毛沢東もついに核兵器を保有することに成功しています（一九六四年）。キューバ危機は核戦争がありうる時代で起きた危機でした。

この当時、最も早くアメリカ支持を打ち出したのはフランスのド・ゴールです。信頼があるから、日ごろからいいたいことがいえる関係を培っているのです。

日本の池田勇人首相もいち早くアメリカを支持しています。池田政権といえば「所得倍増計画」ですが、それを外交面で支えたのが、この時期に推し進めた、アメリカ以外の自由主義諸国との同盟でした。

結局、ソ連はキューバから核ミサイルを引きあげることに同意して解決へ向かいます。しかし、このときアメリカ側は、トルコに配備していた核ミサイルの撤去に応じました。

マスコミはケネディだけを評価しますが、実質的にアメリカの負けです。ソ連は出したものをひっこめただけですが、アメリカは出してあったものをひっこめることになり、マイナスです。

ケネディは、いまもファンの多い政治家ですが、キューバ政策に関しては大失敗です。核ミサイルの隣接配備は避けることができましたが、キューバは完全に共産圏の国となり、その後、キューバを離れたチェ・ゲバラは南米に渡って反米革命を起こして回ります。キューバへのアメリカの仕打ちはケネディ以前からのものですが、カストロ独裁が始まってからのアメリカのキューバへの仕打ちは国際的にも非難されることばかりです。キューバ危機とは、実はケネディが自分で蒔いた種を刈り取っただけの話にすぎません。

当時のアメリカの軍事力は「二ケ二分の一戦略」でした。ソ連との、欧州とアジアでの二正面の大戦争と、二分の一の規模の地域紛争に同時に対応できるだけの軍事力を自国および同盟国とで保持しようという戦略です。それが、この後にどんどん減っていき、オバマ政権下で二分の一までに激減しました。二・五正面から、〇・五正面ですから、絶頂期の五分の一です。

アメリカは、そのオバマ政権末期の二〇一五年にキューバとの国交を回復します。

グアンタナモでテロリストを拷問したアメリカの言い分

なお余談ですが、大事な話を一つ。

話が少しそれますが、国際法に関係するところなので、触れておきましょう。このグアンタナモ基地は、9・11テロの後、アフガニスタンで捕虜にしたテロ容疑者を収容したことで知られています。ここでCIAが非人道的な拷問を行なったことが問題視されました。

ここでのアメリカの言い分はこうです。

理由一、テロ容疑者は、戦時の捕虜ではなく、犯罪の容疑者であるからジュネーブ条約の適用外である。

理由二、グアンタナモはキューバ領で、アメリカではないからアメリカの国内法の適用はない。(治外法権)

グアンタナモでは、国際法も国内法も適応されないという主張です。まさに、「疑わしきは自国に有利に」

「本当に悪いことをしたらなおさら自己正当化せよ」

を文字どおり実行しています。

ただ、どんな理由があるにせよ、非人道的行為はどこまでいっても非人道的行為です。キューバではアメリカの国内法は適用されないから、どんな残虐な尋問をしてもいいという発想は、実に野蛮です。国際法と国内法の区別もつかないから、こういう言い訳も平気でするのでしょう。

「いつ始まったか」の説明が難しいベトナム戦争

キューバ危機の翌年、ケネディが暗殺されます。

キューバ危機と並ぶ、ケネディの置き土産がベトナム戦争です。そして、ベトナム戦争とは、まさに国際法が時代を象徴する紛争です。

ベトナム戦争は、「いつ始まった」戦いで、「誰と誰が敵味方で、中立だったのか」を説明することはできません。結果、「誰が戦闘員で、誰が非戦闘員なのかわからない」し、さらに「どこが戦場で、どこが戦場でないのかもわからない」という状態になります。それゆえ悲惨を極めた殺し合いになりました。

ベトナムは十九世紀にフランスの植民地になりました。現在のカンボジアの領域と併せて、フランス領インドシナ連邦となります。

ベトナムの独立を指導したのは、一九三〇年代にコミンテルン主導のもとに組織されたインドシナ共産党のホー・チ・ミンです。ホー・チ・ミンは、一九四五年九月二日、ベトナム民主共和国の独立を宣言します。ちなみに日本が敗れた後、北ベトナムには中華民国が進駐し、南ベトナムにはイギリス軍が、後にフランス軍が進駐していました。

一方、旧宗主国のフランスは、ベトナムを再度植民地とすることをめざし、一九四六年には南ベトナムに傀儡政権のコーチシナ共和国を樹立します。

ホー・チ・ミンは、アメリカのトルーマンにベトナム民主共和国の国家承認を求めますが、拒否されます。トルーマン政権はフランスにインドシナ連邦での主権を認め、ベトナム民主共和国を国家承認しません。ホー・チ・ミンがベトナムを共産主義国にしようとしていたからでしょうか。なぜか、第二次世界大戦終結直前に死亡したフランクリン・ローズベルトは、ウィルソンを継承して民族自決を唱えていたこともあり、逆に独立に賛成し、フランスの統治を批判していましたが……。

かくして当初は、フランスとホー・チ・ミン率いるベトナム民主共和国とが衝突し、一九四六年から全面戦争となります。フランスは一九四八年には、コーチシナ共和国を廃してベトナム国とし、国家承認します。このときアメリカやイギリスもベトナム国を承認しました。

一九五〇年になると、中華人民共和国（建国したばかりで自身が国連の国家承認を得ていませんでした）が、北ベトナムを正式に承認し、武器援助を開始します。その背景には同じ時期に勃発した朝鮮戦争がありました。ホー・チ・ミンの要請により、物資の援助はしないものの、ソ連も中国に続きます。

近代兵器を手に入れた北ベトナム軍は、ゲリラ戦に加え、正規軍を投入した戦いができるようになり、次第に劣勢を逆転させていきます。

アメリカの本格的な介入は、一九五四年五月に、ディエンビエンフーの戦いでフランス軍が敗退した後です。同年七月にスイスのジュネーブで休戦協定が結ばれ、フランスはインドシナを撤退し、ベトナム、カンボジア、ラオスの三カ国が独立することが認められました。ベトナムについてはホー・チ・ミンの北ベトナム（ベトナム民主共和国）とフランスが残した南ベトナム（ベトナム国）の南北に分断されることになりました。

残虐極まりない戦いにならないわけがない

このとき、南ベトナムにフランスに代わって傀儡政権を立てたのがアメリカです。一九五五年に、ＣＩＡの手引きでゴ・ディン・ジェムが反対派を一掃し、新たに国を樹立します（ベトナム共和国）。アメリカは軍事的にも全面的なバックアップを始めます。

ところが、ジェムは政権を握ると、自分の権力維持のため徹底的な共産主義者弾圧を始め、拷問や虐殺で多くの人が惨い殺され方をされることになります。そのため、共産党支配を嫌って南ベトナムに逃げてきた人も、次第にジェムと、それを支援するアメリカに強い反発を持つようになっていきます。

一方、ホー・チ・ミンは国の独立を優先し、イデオロギーよりも大同団結して勝利をめざすという概念を持っている指導者でした。そして、ベトナムという国は中国の歴代王朝と死闘を繰り広げてきた歴史を持つ国であり、大国からの攻撃が激しくなればなるほど戦意を高めます。どれほどアメリカが南ベトナムを支援しても、北ベトナムの力は衰えません。

ついに一九六四年、アメリカ軍が北ベトナムを直接爆撃する「北爆」が開始され、一九六五年には米軍がベトナムに上陸します。しかし、ホー・チ・ミン率いる北ベトナム軍は空爆に耐えてゲリラ戦の長期消耗戦にもつれ込ませることに成功します。

北朝鮮の山岳地帯でもアメリカは苦戦したのですが、ベトナムは険しい山岳地帯に加え、うっそうとしたジャングルが加わった場所です。車が使えない山岳ルートに、北ベトナムは手りゅう弾を仕込んだブービートラップや、落ちれば竹槍の餌食になるような落とし穴といった罠を仕掛けます。これは米軍を大いに苦しめました。

さらに米軍は、毒蛇や吸血ヒルなどとも戦わねばならないうえ、子供が爆弾を抱えて飛び込んでくるなど、ベトナム人でも誰が敵で誰が味方なのかわかりません。民間人だと思ったら自爆テロ、阿鼻叫喚《あびきょうかん》の地獄絵図です。

国際法が守られない殺し合いでは、こうなるのです。

軽くゲリラ戦という言葉を使う人がいますが、ゲリラ戦は仕掛けた側が一〇倍の損害を覚悟しなければならないとされます。最新兵器を持ったアメリカ軍に、ただの民間人が挑むのです。残虐極まりない戦いにならないわけがありません。

米軍では、一年の兵役を終えて帰国が叶った兵士のほとんどが心身を病み、ベトナムではそうした極限状態が一般民間人に対する虐殺や強姦などの陰惨な事態も引き起こし、悪いスパイラルに入っていきます。

にもかかわらずアメリカは戦局を甘く見ており、兵器にしても兵力にしても、場当たり的な逐次投入ばかりを行ない続けます。

一九六八年のソンミ村大虐殺事件も、そうした背景で起きた事件の一つです。アメリカ兵にしてみれば着ているものなどの外見や、年齢性別で誰が戦闘員で誰が非戦闘員かの区別がつきません。本来、戦争の場合には民間人（非戦闘員）と軍人（戦闘員）が一目で識別できるよう、戦闘員は軍服を着なければいけないのですが、南ベトナム解放民族戦線（ベトコン）・北ベトナム軍は平服で攻撃を仕掛けてきますから、まったく識別できないのです。

戦時国際法的には、そのような場合は「疑わしきは殺せ」が許されています。戦時国際法の前提は、戦闘員と非戦闘員の区別がついていて、咎められるのは相手が非戦闘員だということが明らかな場合です。だから、殺されたくなければ疑われるようなことをしてはならないのです。

ただし、疑わしきを殺した場合、それをアンチプロパガンダされるリスクは当然、負います。アメリカは自国のメディアも含め、世界中からバッシングされました。

「宣戦布告なしの戦争は憲法違反ではないか」

国際法とは、「人は殺してはいけません、まして惨たらしく殺してはなりません」という価値観を持つことができる文明国どうしの決闘のルールです。しかし、ベトナム戦争では、何一つそのような要素は見られません。むしろ、国際法をあざ笑うかのような光景が次々と出現した戦いです。

一九一九年にウィルソンが、この価値を共有できるかどうかわからない民族（エスニック）に主権国家（ネイション）の資格を認めたこと。レーニンの共産主義革命を扶助し、延命させたこと。これがどれほどの罪か。そして、欧米列強がダブル・スタンダードで力任せに他国を虐げてきたことのツケが、このベトナム戦争で回ってきたということもできるのではないでしょうか。

米国議会では、フルブライト奨学金で知られる民主党の上院議員ウィリアム・フルブライトが公聴会を開き、議員たちが政府を問い質します。その中に「宣戦布告なしの戦争は憲法違反ではないか」との指摘がなされたとあります（松岡完『ベトナム戦争』中央公論新社、二〇〇一年）。

ここまで読まれてきた方は、「おかしい」とお気づきになると思います。

国連憲章では、戦争を根絶しています。だから、本当はこの「ベトナム戦争」も、国連憲章の法的状態説に則れば「紛争」であるはずです。

では、なぜ、アメリカ人がここで「宣戦布告」の有無や「戦争」かどうかにこだわるのか。それは、戦争であれば兵士に手当がつくからです。

「アメリカ人は国際法と連邦法と州法の区別がつかない人たちである」ということに起因する悲劇が、自国にもブーメランとなって跳ね返っているわけです。

しかし一方で、もし、アメリカがベトナムに宣戦布告をしていたら、国連憲章との関係はどうなると考えていたのでしょうか。まったくもって愚かなことです。

左派勢力と結びついたメディアのプロパガンダ

一九六〇年代後半、新聞、映画に加え、テレビメディアが参入し、世界が戦闘の現場を目《ま》の当たりにするようになります。

山岳部や農村の惨状は記者の言葉や写真がメインで、数日遅れで届く形になりましたが、終盤のサイゴンでの戦いは、テレビカメラに収められ「リビングルーム戦争」「テレビ戦争」

といわれるゆえんになりました。そこにベトナム帰還兵や大学生の学生運動が結びつき、ケネディを継いだジョンソン政権を揺さぶります。

日本が満洲事変や南京大虐殺でいわれていたようなことと同じことを、ベトナム戦争ではアメリカが自国・各国のマスコミに叩かれるようになります。それを、ベトナムは世界中に宣伝します。実にうまいやり方です。

一九六〇年代は日本でも学生運動が盛んでしたが、同時に世界各地で学生運動が派手に活動していました。朝鮮戦争時、日本国内で頻発した騒乱事件を起こしていたのが共産主義の左翼活動家ですが、六〇年代の学生運動も、もちろん、モスクワが絡んでいる可能性を否定することはできません。

アメリカで激化した反戦運動を行なっていたのは、徴兵が猶予される裕福な大学生やリベラル層、反体制派のヒッピー（浮浪者の格好をした反体制気取りの若者）たちでした。彼らの活動は、反戦歌を聞いて涙を流すだけのような静かなものから、徐々に過激化していきました。

共産主義勢力をこれ以上広げてはならないとする、保守派で実際に徴兵に応じている多数派層は、こうした過激派の前に沈黙します。サイレント・マジョリティーです。

江崎道朗先生が指摘されていることですが、当時の東海岸のメディアは共産主義者との結びつきも深く、アメリカの国益に反することをやりまくっています。第二次世界大戦前から、アメリカのメディアにも数多のソ連のスパイが浸透していました。実際に武力攻撃を行なうだけが戦争ではなく、プロパガンダを使った宣伝戦も巧みに利用されていました。

アメリカでは、いま現在もこの構図が続いています。トランプ政権をバッシングするメディアと、そのメディアの論調に賛成する反トランプ派の行動を見ると、まったく同じ構造であることがわかります。

日本もアメリカほどではありませんが、同様の傾向があります。

中国の核兵器開発と中ソ対立

ベトナム戦争と同時並行して、ソ連と中国との間で対立が起きます。「中ソ論争」です。

きっかけは一九五三年のスターリンの死去でした。毛沢東はスターリンの死後、共産主義世界の指導者に立つのは自分だと考え、フルシチョフを出し抜く機会をうかがいます。

毛沢東にとって、ハンガリー動乱やスエズ動乱で影響力を誇示できなかったのは不満でした。アメリカとは朝鮮戦争以降、対峙したままなので、国連での中華人民共和国の承認も思うように進みませんでした。スエズ動乱のとき、核兵器を手にしたソ連がアメリカと手を組んで、英仏を中東から追い出すのを見た毛沢東は、世界で影響力を誇示するには核を持たねばならないと考えるようになります。

そこで、一九五九年に毛沢東は農業国から工業国への転身を図る大躍進政策を実行に移しますが、良質な鉄鋼をつくるだけの設備投資も十分でなく、無理やり農業から慣れない工場の作業に労働力を投入したために、農業の労働力が不足し、食糧事情は急激に悪化します。中には、鍋釜を鋳溶かして鉄にして、鉄鋼生産量のノルマに加えたなどという話も語られていますが、いずれにせよ夢の鉄鋼増産計画は、品質が悪く、使い物にもならない鉄を量産しただけに終わります。

そこに、大飢饉《だいききん》が追い打ちをかけました。国民は飢えに苦しんでいますが、その彼らがつくったわずかな収穫までも取り上げて、すべてソ連へ貢ぎあげます。中国国内で数千万人が餓死したといわれる大惨事になります。

しかし毛沢東は、ソ連国内でフルシチョフに対する転覆計画が起きたときにフルシチョフ支持を表明することと引き換えに、念願だった核兵器を手に入れることに成功します。

一九六四年に核兵器開発に成功すると、毛沢東はソ連との決別のタイミングを計るようになります。スターリン亡き後のソ連と同じ共産主義国として並び立っていこうという気などありません。上に立つために、つぶす気でいます。

キューバ危機でアメリカに譲歩したことを批判したり、一九六八年にソ連がチェコスロバキアで起きた自由民主化運動「プラハの春」に軍事介入したときには、帝国主義と批判したりします。結局、攻撃するためには何でもありの論調です。

翌一九六九年には中ソ国境線で武力紛争が起き、中国はソ連との対決姿勢を鮮明にしていきました。

ニクソン訪中でも日本は失敗を重ねた

しかし毛沢東も、ソ連とアメリカの両方を同時に敵に回すことができないことはわかっています。

ここで、北ベトナムと対話の糸口をつかみたいアメリカのニクソン政権と利害が一致します。アメリカは、中国が北ベトナムの後ろ盾だと思っていたからです。ニクソンは中国との接近に反対する国務省の頭越しに秘密外交を進め、突然の北京訪問を実現します。

覇権国家であるアメリカにとって、挑戦者のソ連がいま以上に力を持つことは許せないことです。中国は自身ではチャレンジャーのつもりでしょうが、この時点ではまだ力不足です。むしろ、ここでアメリカと手を組み、国連で国家承認を得ることは、まずプレーヤー（アクター）になれることを意味します。

経済こそガタガタですが、軍事力、人口、国土縦深、資源、そして外交宣伝力。大国としての要件は満たしています。総合力で当時の中国より強い国は米ソ両超大国だけです。毛沢東にとっては、国家承認されプレーヤーとなることは、すなわち列強（パワーズ）として名実ともに認知されることなのです。

このとき、毛沢東の野望を妨害できる国がありました。日本です。

この時期、日本は高度経済成長を経て経済大国となりつつありました。実はニクソンは当初、中国ではなく、日本との関係を強化して対ソ戦略に当たろうと考えますが、当時の佐藤栄作首相が袖《そで》にしてしまいました。日本は、「主権国家＝プレーヤー」に戻る絶好のチャンスを、またまた棒に振ってしまったことになります。

毛沢東は、ついに国連で「中国を代表するのは中華人民共和国だ」と承認させることに成功し、国連の常任理事国の座を中華民国（台湾）から奪い取ります。

決着がついたのは一九七一年のアルバニア決議です。これは、中華人民共和国の友好国であったアルバニア人民共和国が提案した、中国代表権問題についての国連決議でした。賛成七六、反対三五、棄権一七、欠席三で通過しています。

このアルバニア決議には「中華人民共和国の合法的権利を回復させる」と書かれています。一九四九年の中華人民共和国の建国から二十二年間の間、宙ぶらりんだったという意味ならば、合法的権利の回復ということになるかもしれませんが、しかし、一九四五年段階で国連が認めていた戦勝国は蔣介石の台湾政府だったはずです。一体、中国共産党政権の何が「回復」だというのでしょうか？

この問題を考えようとすると、かつてフランスのブリアンが叫んだように、私も「What is Chaina?」と叫びたくなる衝動にかられます。

中国は清王朝滅亡のときから国家継承があやふやな形で引き継がれてきた国でした。そのことが満洲国問題に飛び火し、日本の国際連盟脱退に繋がりました。

もし、ベルサイユ会議やワシントン会議で、日本がもっと「ものをいう大国」であったならば、また、ウィルソンやその後継者たちの提言を退けて伝統国際法を守ることができていたならば、こんなことにはならなかったのではないかと思わずにはいられません。

ニクソンもキッシンジャーも、バランス・オブ・パワーは理解していても、アジアの事情は何もわかっていません。実は「ベトナムが中国とは犬猿の仲である」という理解さえないのです。

衝撃のプロレタリア文化大革命

毛沢東には、失敗に懲りて反省するという概念はありません。

とはいえ、大躍進政策が失敗して七〇〇〇万人も餓死者が出たことで、さすがに毛沢東も責任を問われます。一九五九年には国家主席の座を劉少奇に譲らざるをえなくなり、一九六二年には自己批判を迫られます。

しかしもちろん、毛沢東がその恨みを忘れるはずがありません。

一九六六年になると、毛沢東は「プロレタリア文化大革命」を始めて自らの絶対化を図りつつ、ティーンエイジャーを組織化した紅衛兵を使って、粛清対象を徹底的に追い詰めました。国民の困窮を改善し、国力の立て直しを試みようとしていた劉少奇や鄧小平は、資本主義を導入しようとする「走資派」として批判され、劉少奇は殺害、鄧小平は失脚させられました。人民解放軍を率いていた林彪も、クーデターに失敗して死亡します。

かつて延安で行なった整風運動を全国規模に拡大した文化大革命の勢いは止まらず、毛沢東の死去後の一九七七年まで続きます。その間、多くの知識人や、政治とは無関係の文化人も犠牲となり、おびただしい数の文化財も破壊されました。不足した農業の労働力として、都市部の大学生エリートから勉強を奪って農村に送り込むなど、国内は大混乱に陥ります。

この文化大革命だけで二〇〇〇万人以上の人が犠牲になりました。毛沢東が死ぬまでの間に命を奪った人の数は七〇〇〇万から八〇〇〇万人以上と伝えられています。スターリンやヒトラーも普通の主権国家一国分くらいの人を殺していますが、断トツは死ぬまで世界征服を企んでいた毛沢東です。

二十世紀三大極悪人の筆頭と呼ぶにふさわしいでしょう。

ポル・ポトのカンボジアに侵攻したベトナムは悪なのか?

ベトナム戦争についていえば、一九七三年一月にパリ和平協定が成立し、同年三月にアメリカがベトナムから撤退した後、北ベトナム政府によってベトナムの南北統一が果たされました。

しかし、ベトナムの隣国カンボジアでは、クメール・ルージュと呼ばれるカンボジア共産党のポル・ポトの独裁政権になっており、極端な共産主義支配を行ないます。ポル・ポトは、小型の毛沢東です。

ポル・ポトは、すべての国土が収容所となったような過酷な生活を強いたため、ベトナムへ亡命するカンボジア人も相次ぎます。毛沢東主義のポル・ポトは、反抗の芽を絶つため、知識人から粛清を開始し、眼鏡をかけているというだけで逮捕、虐殺したというのは有名な話です。当時、人口七〇〇万人ほどだったカンボジアで、一〇〇万人から二〇〇万人が惨殺されたといわれます。実に人口の四分の一が死に絶えたことになります。この比率、三十年戦争のヨーロッパと同じです。

そうした極端な殺戮が行なわれていることから、一九七八年にベトナムがカンボジアに侵攻し、翌一九七九年には首都プノンペンを制圧します。

前著『国際法で読み解く世界史の真実』で、このベトナムの侵攻は悪なのか？　という問題提起をしました。厳密にはベトナムはカンボジアに挑発されているとはいえません。しかし、ポル・ポトはベトナムに強い対抗意識を持っていました。独裁を始めると、カンボジア国内のベトナム人やベトナム派のカンボジア人を迫害、虐殺し、一九七七年には一方的に国交を断絶して、緊張状態にありました。

ベトナムは、ベトナム人虐殺を理由に侵攻します。当たり前ですが、虐殺は非人道的行為です。それに対する侵攻は、国際法用語で「干渉」といいます。国際法は、非人道的虐殺を止めるためだけであれば、他国に軍隊を送って戦っても、人道的干渉として合法化しているのです。そして、ベトナムに亡命していた反ポル・ポトのヘン・サムリンによるカンボジア人民共和国が成立しました。

しかし、同じ事実でも立場を変えれば、言葉が変わるのが国際法です。ポル・ポトは、これをベトナムがインドシナ制覇のために行なった武力侵攻だと非難しました。

ベトナムは、反米・反中です。日本はアメリカと同盟国なので、このとき、ポル・ポトを支援して、ベトナムに経済制裁を行なっています。ヘン・サムリン政権は人道的干渉の正当性を国連に認めてもらうこともできませんでした。しかし、気にしません。ソ連の後ろ盾で生き残ります。

「米＝中＝ポル・ポト」対「ソ＝越＝ヘン・サムリン」の構図です。

アメリカに支配されている日本は、四の五のいわずにアメリカについていったというだけです。その結果、ポル・ポトを応援する格好になりました。情けない。

この力と力のぶつかり合いの、どこに文明的な要素があったか。

よく、「侵略は無条件で悪だ」と主張する人がいます。わが国の憲法論議でも、九条が嫌いな改憲派でも「二項の戦力不保持と交戦権否認は削除したいが、一項の侵略戦争否認は正しい」と主張する人がほとんどです。では、いかなる侵略も悪なのか。ポル・ポトの大虐殺をやめさせようとしたカンボジア侵攻も含めて悪なのか。

目の前で人が惨たらしく殺されていくのを黙って見過ごすのが文明国なのでしょうか？

ぜひ、お聞きしたいものです。

第5章　冷戦が終結し、世界はさらに野蛮になった

カセットテープでイスラム革命を起こしたホメイニ

ここまで、一九四五年以降の米ソ冷戦下の世界について見てきました。世界大戦規模の戦いまでは至らずとも、世界は野蛮な殺し合いを少しもやめる気配がありません。

そんな中で、唯一軍事衝突を避けられている地域があります。ヨーロッパです。

冷戦期、東西ドイツは最前線の場所でした。それなのに、なぜ武力衝突が避けられたか。NATO（北大西洋条約機構）という備えがあったからです。「自衛隊があるから戦争になる」「軍備を整えると危機が増す」「日米安保があるから攻撃される」などと叫んでいる人には、この現実を直視してもらいたいものです。

話が変わりますが、一九六〇年代にオランダの音響メーカー・フィリップスが開発したカセットテープは、安価なうえ、手軽で扱いやすかったこと、その再生機器も合わせて開発されたので、肉声を伝えられる媒体として世界中に普及していきます。

平和な日本では、主に音楽を楽しむものというイメージが強いカセットテープですが、中東では国を動かすツールとなりました。これを利用したのがイラン革命の指導者ホメイニ師です。

一九五三年、イランは親英米のパーレビ国王（パフラヴィー二世）の政権となり、一九六〇年代から近代化と西欧化を推し進めるようになりました。しかしイスラム教が生活の規範そのもので、自然とイスラム原理主義になるイランでは、急激な西欧化は国情に合わぬ面もあり、反発を招きます。

ちなみに、パーレビ国王は、日本の明治維新をモデルに近代化を図りました。西欧諸国に留学生を派遣したのも岩倉遣欧使節団の真似です。明治期の日本を手本に近代化を試みた国は他にもありますが、日本と同じスピードで近代化を成しえた国はありません。西欧列強がなぜ日本をことさら脅威と感じたかがわかります。

パーレビ国王は西欧化を推し進める一方で、秘密警察を使った言論弾圧も行ない、反西欧化の急先鋒となったイスラム法学者のホメイニを国外追放します。フランスに亡命したホメイニは、ＳＯＮＹ製のカセットテープにメッセージを録音し、イラン中にばらまきました。姿は見えなくても、肉声のもつ力は大きく、ホメイニの教えは国中に浸透していきます。

一九七八年にはホメイニ支持派の大規模なデモがイラン国内で多発するようになり、一九七九年に入るとパーレビ国王が国外に亡命せざるをえなくなります。それと入れ替わるようにしてホメイニが帰国し、イスラム原理主義国家イラン・イスラム共和国を成立させます。

イランはホメイニ指導の下でイスラム共和制になりますが、反米であり反ソになります。イランが親ソにならなかったのは、アフガニスタンと同じで、共産主義は宗教をアヘン扱いしているからです。東側にならなかったことは不幸中の幸いですが、アメリカの敵にすべきではありませんでした。

アメリカが、二十一世紀初頭にかけて泥沼に足を取られたかのようになる中東問題の出発点は、このイスラム革命にあるといってもいいかもしれません。ホメイニのイスラム革命を防ぎきれなかったことは、アメリカにとっては最大の失策だったといえるでしょう。

「国際法などキリスト教国の野蛮なルール」

一九七九年十一月には、アメリカ大使館人質事件が起きます。

アメリカが亡命したパーレビ国王を受け容れたことに反発して、イスラム法学校の学生らがアメリカ大使館を取り巻くデモを行ない、大使館の敷地に乱入してもイラン・イスラム共和国は取り締まりませんでした。行動はさらにエスカレートし、アメリカ大使館員を人質にとってパーレビ国王の身柄引き渡しを求める事態にまで発展してしまうのです。まるで、北清事変の再来です。

一九八〇年四月に、アメリカのカーター大統領は救出作戦を実施しますが、ヘリコプターの故障などで惨めに失敗。アメリカ大使館員は四〇〇日以上拘束されることとなります。

もちろん、国際法では「外交官身体不可侵」という大原則があります。国に対する脅迫は許されるけれども、その国の外交官の身体に危害を加えてはならないというものです。「人を殺してはいけません」という価値観のもと、国と国の紛争解決の手段として、武力行使によらない解決を図る役割を担うために特権を与えられているのが外交官です。外国であっても、大使館にその国の領土と同じ扱いを許すのも同じ理由からです。

このとき、イランは国際法違反だと非難されるのですが、ホメイニは「国際法など、キリスト教徒の野蛮人が勝手につくった法ではないか」と切り返します。ごもっともです。

しかし、それでよいわけではありません。たしかに国際法は、最初はキリスト教国間のヨーロッパ公法にすぎませんでした。しかし、現代では宗教に関係なく、文明の法として守るべきものとして確立しています。

仮定になりますが、もし、第二次世界大戦で大日本帝国が大国の座を維持していたら、ホメイニは国際法を「キリスト教国の野蛮なルール」ということができたでしょうか。日本はどの宗教も一つの信仰として客観視できる近代国家です。イスラム教徒が国民の大半を占めるトルコなどが、どれほど律儀に国際法を守ったとしても、ムスリム国家から「裏切り者」呼ばわりされるのがオチでしょう。しかし、キリスト教でもイスラム教でもない非西洋国家である日本に対しては、そのような抗議は意味をなしません。その点でも、日本が国際法を世界一遵守している意味は重いのです。

ところで最近も、「外交官身体不可侵」という国際法の大原則を破った国があります。二〇一七年三月、金正恩の義兄・金正男がマレーシアで殺害された事件に絡み、北朝鮮は平壌にいたマレーシア大使館の館員とその家族を出国禁止にします。そして、その「人質」と交換する形で、金正男の遺体と、殺害に関わったと見られる北朝鮮関係者の身柄引き渡しを実現させました。

北朝鮮は、国際法を「ヤクザの仁義」としてしか理解しようとしない国です。どうしようもない連中です。

アフガニスタンの地獄の戦場に突っ込んだソ連

イラン革命が起きていたのと同時期、一九七九年十二月にイランの隣国アフガニスタンにソ連が侵攻しました。

アフガニスタンでは、一九七八年四月、アフガニスタン人民民主党主導による軍事クーデターが起きて、左翼政権が誕生していました。その状況下、イラン革命によってイスラム原理主義国家ができたことは、ソ連にとっては脅威でした。

現実に、アフガニスタンの左翼政権に対する抵抗運動がアフガニスタン全土で巻き起こり、首都カブール以外は、ほとんど左翼政権の威令が及ばない状況になってしまいます。イスラム原理主義的な動きがソ連邦内のイスラム教地域に及ぶ危険もあり、見かねたソ連はアフガニスタンへの武力侵攻を行なったのです。

しかし、ソ連軍は大いに苦戦します。それまでソ連は、国際法をまったく無視したテロ・ゲリラ戦術を煽動して先進国から発展途上国までに浸透し、さかんに騒乱・内乱を起こして共産主義勢力を拡大していたわけですが、アフガニスタンでは逆に自らが、国際法の精神など皆無の地獄の戦場に叩き込まれることになったのです。

アフガニスタンの峻険《しゅんけん》な山岳地帯での対ゲリラ戦は、誰が敵か、誰が民間人かなど、当然、まったくわかりません。しかも、兵士でも民間人でも一人殺したら、その村全部が仇《かたき》討《う》ちに立ち上がるような気風です。

アフガニスタンでソ連軍は、赤ちゃんですら容赦なく戦車でひき殺したといいます。うっかり「赤ちゃんを助けなくては」と兵士が救出に出ると、待ち構えたゲリラに殲滅されかねないからです。

国際法の父・グロチウスが見たら間違いなく涙目になるでしょう。言葉のうえで「戦争」をなくし、国際法秩序を破壊してしまった結果がこれなのです。

世界で最も悲惨なのが「戦争」というのは、はたして本当でしょうか？　しつこいようですが、ここでもう一度問いかけておきたいと思います。

因果は巡り、ゲリラ戦で足をすくわれる

ソ連は、なぜ、こうした武力侵攻に踏み切ったのか。

その背景には、アメリカ・ニクソンの訪中がありました。ソ連の衛星国の東欧でも、共産主義のあまりの抑圧体制と生活水準の低下に反発して、ハンガリー動乱（一九五六年）やプラハの春（一九六八年）など自由化運動が発生しました。その都度、ソ連は力ずくで鎮圧して回りましたが、毛沢東の中国はソ連に散々悪態をついたうえでアメリカと手を結んでしまったのです。ソ連は孤立に追い込まれていました。

加えて、ソ連はアフガニスタンも東欧と同じように、「戦車で表敬訪問」をすれば、おと

なしくいうことを聞くだろうと考えていました。しかし、アフガニスタンは石油の産出国ではありません。産業らしい産業がなく、唯一それらしいものが麻薬という状態なので、各地に散らばる軍閥……というより山賊にまとまりなど求められるはずもありません。山賊に国際法秩序を守る気がないことはいうまでもありません。

しかも、ソ連の武力による内政干渉に西側諸国は激しく反発し、東西の緊張が高まります。ソ連が軍の撤退要求を拒否すると、西側諸国はその抗議として、一九八〇年に開催が決まっていたモスクワ・オリンピックをボイコットしました。

アメリカのカーター大統領は一九七九年七月に、アフガニスタンの反共ゲリラへの資金提供を認める大統領令に署名しています。資金援助のみならず、武器を提供し、軍事訓練まで行ないました。さらにアラブ諸国から義勇兵を募り、それを支援するようなことまでやっています。

アメリカ軍がゲリラに供与した地対空ミサイル（スティンガー）は効果的で、山岳戦でヘリコプターに攻撃や輸送を依拠せざるをえなかったソ連軍に深刻な打撃を与えました。

ソ連からすれば、ベトナム戦争はじめ世界各地でアメリカに味わわせた苦渋を、熨斗《のし》をつけてお返しされてしまったようなものです。まさに、「因果は巡る」です。

かくして、ソ連軍はおよそ一万五〇〇〇人の戦死者を出し、ほとんど何の成果もないままに一九八九年二月に全面撤退します。一九七九年から一九八九年までの十年間の武力介入で、ソ連は経済的にも疲弊することになり、ソ連崩壊の遠因になったといわれます。

もっともアメリカも、反共イスラムゲリラに膨大な資金と武器を与えて肩入れしたのはいいものの、その後、その勢力が反米活動を行なうこととなり、手痛いしっぺ返しを喰らうこととなります。

二〇〇一年に9・11テロを行なうアルカイダも、そのときの反共イスラムゲリラから生まれてきた組織でした。これまた、まさに「因果は巡る」といえるでしょう。

アメリカへの忖度からはじまった? イラン・イラク戦争

もう一つ、イラン革命に連動して起きたのが、一九八〇年から一九八八年まで続いたイラン・イラク戦争です。

サダム・フセインにとって、イスラム原理主義は自らの体制とは相容れない仇敵《きゆうてき》のような存在です。当然、イラン革命で隣国のイランがイスラム原理主義になると、大きな脅威を感じざるをえません。

さらにいえば、イスラム教には、スンニ派とシーア派という教派の違いがあります。イランはシーア派の国ですが、実はイラクのバース党政権は少数のスンニ派の人々が政権中枢に就いて多数のシーア派を抑えている構造になっていました。当然、シーア派の宗教原理主義がイラク国内で猛威をふるったら、バース党の独裁権力は大いに脅かされることになります。

そこでフセインのイラクは、一九八〇年九月、イランに対して軍事行動を起こします。戦争の名目は、石油輸出の要衝であったシャトル・アラブ川の河口付近の領有問題ですが、これは長年懸案となっていたもので、単なる因縁です。

パーレビ国王時代のイランは大いに親米でしたが、それが一挙に反米になったので、アメリカの援助を受けたいサダムが、アメリカの意思を忖度《そんたく》して始めたのではないかともいわれています。

ところでこのイラン・イラク戦争は、国境では撃ちあいをしますが、ほとんどそれ以上のことはしていません。たまには情勢が緊迫して、お互いの首都を空爆したりしますが、たいがいは朝、ノルマで自動小銃を三〇発ほど乱射すると、今日は終わったと昼寝を始めるような具合で八年間、だらだらと続いたというのが実態だそうです。視察に行ったどこかの国の共産党議員が「真面目に戦争をやれ」といったとかいわなかったとか。

軍国主義で正気を保つか、ファシズムで正気を保つか

先ほど、「サダム・フセインにとって、イスラム原理主義は自らの体制とは相容れない仇敵のような存在」と述べましたが、その理由は、イラクが、サダム・フセインの独裁による世俗主義的なファシズム国家だったからです。

イラクはオスマン帝国の領土でしたが、第一次世界大戦以後、イギリスの支援の下、王制の傀儡国家が誕生していました。しかし一九五八年に青年将校たちがクーデターを敢行。さらに、一九六三年と六八年のクーデターで、アラブ社会主義と汎アラブ主義を掲げるバース党（アラブ社会主義復興党）が政権を掌握します。

ファシズムの定義は、国家よりも党が上にくることですが、その意味でバース党率いるイラクは、まごうかたなきファシズム国家でした。

ここで中東の政治の原理を見ておきましょう。イスラム教の中でも、まず穏健派と過激派に分かれます。二〇〇一年以降、アメリカのブッシュ大統領が秩序を壊すまで、イスラム穏健派の国には、エジプト、サウジアラビア、ヨルダンの三カ国があり、アラブ人国家ではあ

中東諸国分類図

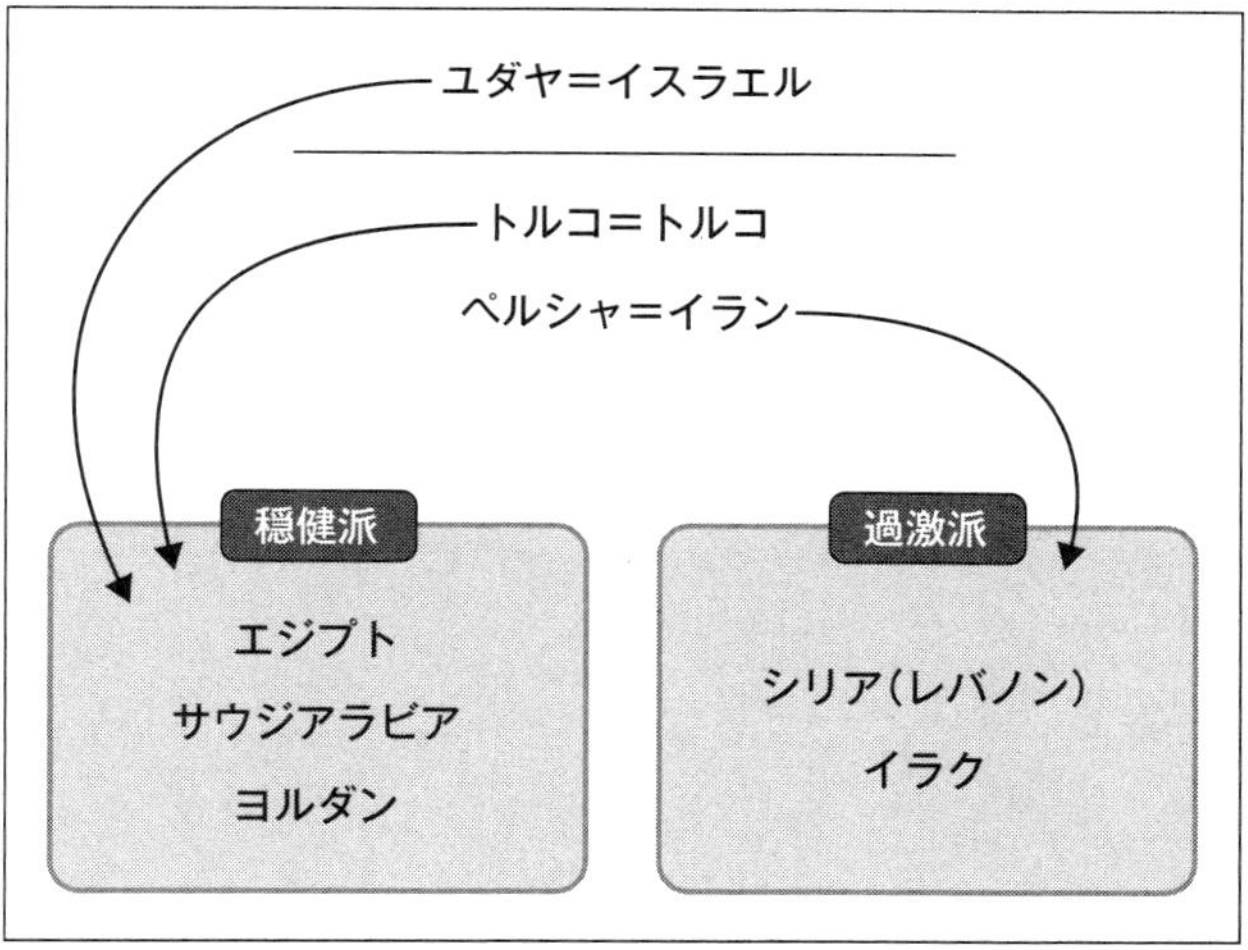

りませんがトルコもイスラム穏健派に入りました。ユダヤ教のイスラエルも、穏健派か過激派の分類では、穏健派のほうに入ります。

過激派に分類されるのがシリア（とその属国のレバノン）、イラクの二カ国、そしてペルシャ人のイランが入ります。

穏健派と過激派の違いは、国民をどういう力関係でまとめているかです。軍国主義で正気を保っているのが穏健派で、ファシズムで正気を保つのが過激派です。

イスラム過激派でファシズムをやっているのが、バース党独裁のシリア、イラク、そして正気かどうかはともかくとして、宗教が政治の上にあるイランでした。

一方、イスラム穏健派のエジプト、サウジ

アラビア、ヨルダンというのは国王もしくは大統領の独裁国家です。ただし、サウジアラビアは、ここで挙げた穏健派の中で原理主義的なことをやっている唯一の国です。

軍国主義をやっている国は、宗教原理主義を抑えることができます。この地域は、国王でも大統領でも大差ありません。大統領を世襲する人たちですから。イスラム過激派のシリアやイラクのように、民族や細かい宗派が分かれている国では、それではまとまらないので、バース党の独裁でファシズムをやるしかないのです。

ちなみに、軍国主義とファシズムは、絶対に両立することができません。国策の最優先事項が「軍事」という国家主義を前提としている軍国主義と、国家の上に「党」がくるファシズムは両立できないという原理的なものです。

だから、ファシズム国家では、常に軍部が宿敵になります。ファシストは秘密警察を使って軍を絶えず牽制するものです。

独裁は無政府状態よりマシ

ちなみに、中東でテロを起こしているのは、国家を持たない、他に生活の手段のない人たちです。かつて、パレスチナ自治政府初代大統領の故・アラファート議長という穏健派の人がいました。この人は、誰かがテロをやると、犯行声明を自分の名前で流し、俺がまとめてやるからといって、世界中の支援者はもちろん、テロの被害側からもお金を集め、テロリストにつかみ金を渡してテロをやめさせ、自分の懐にも手数料を幾ばくか入れるというようなことをしていたそうです。

主権国家どうしで話しあいができていたときは、テロリストを使う必要はありませんでした。サウジアラビアの故・アブドラ国王は「お互いを認めあうことが大事だ」といっていました。まさに、ウェストファリア体制そのものです。相手を殲滅するまでやるのは野蛮なだけですし、石油を産出する国は経済的に豊かでもあるので、金で解決することは難しくありません。

一部の誰かだけに都合がいい現状維持ができるということは、逆に都合が悪い人が出ることでもあります。テロリストは、そういう連中に使われていました。

日本人の多くは、「軍国主義もファシズムも悪いことで、そういう体制下の国はかわいそうだ」と思ってしまいがちです。しかし、それは日本が秩序ある社会だからいえることです。秩序の維持ができているほうが、どれだけマシであるかは、二〇〇三年のイラク戦争前の中東と、それ以後の中東の様子を比べてみれば一目瞭然です。

本気でソ連をつぶしにかかったレーガン

このような歴史の流れの中で、ついに冷戦が終結するときがやってきます。

ベルリンの壁が壊された一九八九年を冷戦の終結だと思っている日本人が多いようですが、違います。東西冷戦の本当の終結は、一九九一年のソヴィエト連邦崩壊です。

冷戦期のロシアンジョーク（アネクドート）です。

〈レーガンとゴルバチョフが核戦争を始めた。
レーガン「うちにはまだ一〇〇発あるぞ」
ゴルバチョフ「こっちにもまだ一〇〇発あるぞ」
レーガン「じゃあ、続けるか。まだ五〇発あるぞ」
ゴルバチョフ「まだ五〇発あるぞ、まだ続けるか？」
レーガン「うちにはなくなった」
ゴルバチョフ「わが方にはもう一〇発あったんだよね」
ソ連の無能な官僚のおかげで世界大戦はソ連が勝者となった〉

もし、世界大戦が始まってしまった場合は、先にあるだけすべての核ミサイルを使い切れば、アメリカもイギリスもフランスも使い切るだろう。もう、これ以上ないというところで、戦車で突っ込んで西の端のスペイン・マドリードまで征服。イギリスのブリテン島は、そのときになったら考えればいい。

これが、まさに東西ドイツでにらみ合っていた当時、ソヴィエトが考えていた武力衝突時のドクトリンでした。

実際、核ミサイルを打ち合って、その後に行軍なんてできるのかという話ですが、要するに、ソ連も核戦争をやりたいとは本気で考えていないということです。人は殺していい、あるいは殺さなければいけないと考えていたようにしか思えない毛沢東とは違います。実際に核兵器を使われた日本人の基準で要求するのは難しい面がありますが、ソ連はソ連として文明人として生きているのです。あれでも。

一九八一年、アメリカでは「負け犬」カーターに代わって、ロナルド・レーガンが大統領に就任します。レーガンは「強いアメリカ」を掲げ、イギリスのサッチャー、フランスのミッテラン、ドイツのコールの四人で結束し、本気でソ連をつぶしにかかります。ソ連を「悪の帝国だ」と罵《ののし》ったのも、その決意の表れです。

「スターウォーズ計画」の呼び名で知られるものの正式な名称は「戦略防衛構想」といいます。内容自体は決してSF映画を本気でやろうという夢物語などではありません。しかし、情報統制の厳しいソ連のことを「悪の帝国」と名指ししてみせたり、「スターウォーズ計画」ということで、SF映画さながらの自由を掲げて戦う戦士（ヒーロー）と見立てて結束力を持たせたりするあたりは、さすが元ハリウッド俳優といったところでしょうか。

レーガンは、核兵器から新たな宇宙兵器まで含めた、大軍拡競争をソ連に仕掛けたのです。レーガンが狙ったのは冒頭のアネクドートとは立場が逆で、「うちにはなくなった」というセリフをゴルバチョフにいわせ、最後に「うちにはまだ一〇〇発あるぞ。続けるか？」というシナリオにできるかどうかです。これが米ソ軍拡競争の本質です。

「ロン、ヤス関係」の中曽根は、実は親米ではなかった

レーガンが大統領を務めた八年とその後のソ連が亡びるまでの二年こそ、東西冷戦の最激戦期でした。

軍拡は経済力の勝負です。そこで、レーガンは、ソ連に対する強硬姿勢の外交と軍拡の一

方で、減税と規制緩和を柱とする経済政策（レーガノミクス）を行ないます。結果的に貿易赤字と財政赤字の双子の赤字を抱えることになったといわれますが、アメリカの景気そのものは上向きました。アメリカは財政赤字で済みますが、ソ連は国を持ちこたえさせることができなかったのです。

このとき、日本は何をしていたでしょうか。レーガン時代というと、「ロン、ヤス」と呼びあう仲といわれた中曽根康弘が首相です。しかし、西側陣営で結束した四人の中には入れてもらえていません。表面上は当たり障りなく、サミットでも真ん中に入れてもらえたりしていますが、中曽根内閣は実は親米ではありません。

中曽根は不沈空母発言などでタカ派と見られていますが、それでも防衛費を一パーセントの上か下かという些細《ささい》な数字を弄《もてあそ》んでいただけにすぎません。そんな中曽根のことを、レーガンが本物の仲間だと思うことはなかったでしょう。

さらに、中曽根政権の中核にいたのは親ソ親中の後藤田正晴、瀬島龍三、親中派の田中角栄も控えていました。本気の勝負を挑むときに、裏の顔がどちらかわからないものを仲間にはしないものです。

その代わり、レーガン政権は日本に矢銭を出させることにしました。日本はしぶしぶ、アメリカにいわれるままにプラザ合意を受け容れます。結果は、なぜか空前の好景気を呼びこみ、バブルと呼ばれる時代へ突入していきます（詳しい経緯は小著『嘘だらけの日露近現代史』をお読みください）。

ヨーロッパ・ピクニックと東欧自由化ドミノ

一九八五年、チェルネンコの急死によってソ連最後の指導者の地位に就いたのはゴルバチョフです。当時、レーガンとの軍拡競争やアフガニスタン駐留などがかさみ、国内の経済は最悪です。ゴルバチョフは改革のために、グラスノスチ（情報公開）やペレストロイカ（再建）という方針を掲げますが、共産主義の掲げる計画経済はすでに限界が見えていました。

むしろ、グラスノスチやペレストロイカという言葉に最も刺激を受けたのは、ソ連の衛星国であることを強いられていた東欧諸国です。さらに、これまで、ソ連の「間接侵略」の手法にやられ放題だった西側が、この時期、同じ手法を東欧諸国に対して繰り出していました。

西側のテレビは、東側に西側の豊かな暮らしを見せつけていました。ポーランド出身のローマ教皇ヨハネ・パウロ二世は、教皇になって八カ月後の一九七九年六月に故国ポーランドを訪問し、広場に集まった人々を前にこう語りかけます。

「精霊よ、この地に降り、この地を刷新してください」

この訪問によって勇気づけられたポーランド人の間では、反ソ連の気運が高まっていきます。一九八〇年から、ポーランドでは自主管理労働組合「連帯」の活動が盛り上がりますが、ヨハネ・パウロ二世はまさにその精神的支柱となりました。ヨハネ・パウロ二世は、東欧のカトリック指導者などに次々と手紙を送り、共産主義に立ち向かうメッセージを伝え続けたのです。

一九八八年、ゴルバチョフが新ベオグラード宣言で、各国独自の社会主義路線を肯定します。すると、ハンガリー、ポーランド、ブルガリア、チェコスロバキアと雪崩を打ったように政変が起きて自由化が進みます。

一九八九年五月、ハンガリーはオーストリア国境にあった鉄条網の撤去を行ないました。これによって、ハンガリー経由で西側へ行けるのではないかと考えた多くの東ドイツ人が、バカンスと称してハンガリーを訪れます。

しかし、ハンガリーとオーストリア国境の通行を許可されるのは、ハンガリーのパスポートを持った人だけでした。このため、ハンガリーとオーストリア国境には多数の東ドイツ人があふれました。

ハンガリー政府とすれば、本音では東ドイツ人を通してしまってもよかったのですが、東ドイツから激しく抗議されるのは目に見えています。ソ連がまたいつ、「戦車で表敬訪問」してくるかもわかりません。

ここで、ハプスブルク家当主のオットー大公が「ヨーロッパ・ピクニック」という楽しい名前の交流イベントを企画します。開催地に選んだのはハンガリーのショプロンという小さな町。オーストリアに凸型に食い込んだ地形をしていたからです。ここにハンガリーとオーストリアの人々が集まり、ビールを飲んでお祭り騒ぎをしている間に、東ドイツ人を越境させてしまおうという計画です。

なにしろハプスブルク家は、かつてオーストリア＝ハンガリー二重帝国の皇帝として君臨していた家です。このハプスブルク家の当主がオーストリアとハンガリーの間に入って、「みんな、集まってピクニックだ」と持ちかけるのは、大義名分に十分です。もちろん、ハンガリー政府もオーストリア政府もこっそり認めたうえでのことでした。米英仏独の西側諸国が承知してないと考えるほうが、おかしいでしょう。

一九八九年八月十九日、ついにピクニックが行なわれ、東ドイツ市民六〇〇人以上が、オーストリアへ出国し、西ドイツへ向かいました。この模様を西ドイツのテレビを見て知った東ドイツのホーネッカー書記長は烈火の如く怒りましたが、ゴルバチョフは何の制裁も加えませんでした。

このゴルバチョフの態度を見て、ハンガリーは正式に国境を全面開放。東ドイツがいくら吠えようとも、ソ連が動かなければ怖くはありません。かくて、ついに東西の鉄のカーテンに大きな穴が開くことになりました。これを機に、共産党支配から逃れたい人々が西側諸国に向かって大移動を始め、東欧諸国に自由化ドミノが起こります。

ベルリンの壁が壊されたのは、その三カ月後のことでした。

しかし、最初に書いたとおり、それは冷戦の幕引きではありません。致命傷を与える引き金でした。

ソ連共産党がロシア共和国に負けた日

ベルリンの壁が壊された同じ月、ゴルバチョフはマルタ島で、レーガンの後を受けた父ブッシュと会談し、冷戦終結宣言を出します。

さらにゴルバチョフは一九九〇年三月に大統領制と複数政党制を導入する憲法改正を行

ないます。さらに同年十一月には、新連邦条約を提案します。これまでソ連は各共和国を強力な中央集権によってまとめていましたが、それを緩やかな国家連合に移管しようというアイデアです。当然、ソ連を構成していた各共和国（一五カ国）や自治共和国、自治管区の権限は大幅に強化される内容でした。

この新連邦条約は一九九一年八月二十日に正式調印される運びになっていました。これに危機感を抱いた保守派（ソ連における保守派は、共産党の中央集権制を崩してはいけないと考える守旧派）は、新連邦条約の調印の前日、一九九一年八月十九日にクーデターを起こします。「八月政変」です。首謀者は、ヤナーエフ副大統領、クリュチコフKGB議長、プーゴ内相、ヤゾフ国防相、パヴロフ首相など、ゴルバチョフ政権中枢の人々です。

フルシチョフの場合は、同じような宮廷クーデターで失脚したわけですが、このときは違いました。ここで立ち上がったのがエリツィンです。当時、ロシア共和国の大統領だったエリツィンは、すぐさまロシア最高会議ビルに籠城し、ビルの前に置かれた戦車の上に立って反クーデターを呼び掛けたのです。

エリツィンに救出されたゴルバチョフは、モスクワに復帰するとソ連共産党を解散させます。時期を同じくして、ナチス・ドイツとソ連とに翻弄《ほんろう》され続けたエストニア、ラトビア、リトアニアのバルト三国も独立を宣言。さらに、ロシア、ベラルーシ、ウクライナの三つの共和国が、独立国家共同体（ＣＩＳ）を成立させました。

「ここでゴルバチョフがエリツィンに助けられた」というのが、とても重要です。

第3章でもお話ししたように、ソ連というのは、ロシア共和国を含む複数の共和国の集合体です。それぞれの共和国の政府の上に、その国の共産党があります。政府どうしは対等ですが、ソヴィエト連邦共産党と、各国共産党には上下関係があり（もちろんソ連共産党が至高至上）、それが政府に反映される仕組みになっています。

その中で、ロシア共和国（ロシア・ソヴィエト連邦社会主義共和国）だけロシア共産党がなく、ソ連共産党が直にロシア共和国政府に指示を出すという関係になっていました。

エリツィンはそのロシア共和国の最高責任者になった後、新たに大統領制を敷いたのですが、それができたということは、ロシア共和国がもうソ連共産党の支配を受けないということを意味します。「ソ連共産党がロシア共和国に負けた」ということです。

政府の上に党が立てないということは、ファシズム支配ができなくなったということです。ゴルバチョフはソ連共産党の最高指導者で大統領でしたが、八月政変のクーデター後、共産党を解散したことで、名実ともに各共和国の上に君臨する存在ではなくなりました。

そしてついに、ゴルバチョフは一九九一年十二月、ソ連大統領を辞任。ソヴィエト連邦は六十九年の歴史に幕を下ろしたのです。

国家主義がファシズムを打倒したのです。野蛮な現代史の、つかの間の文明的な光景でした。

湾岸戦争を「総力戦思考」で評価したアメリカの愚

舞台は再び中東へ戻ります。一九九〇年八月二日、イラクがクウェートに侵攻したのをきっかけに、湾岸戦争が始まります。この戦争は、国際連合の集団安全保障が機能した事例となりました。

フセインがクウェートに侵攻したのは、クウェートが石油を盗掘していることに怒ったことが発端だというのですが、もしそれが事実なら、クウェートはイラクを挑発したことになります。

では仮に、クウェートの石油盗掘が事実だとして、フセインがクウェートを占領することは許されるでしょうか。

許されません。国際連合ができて以降、国境不可侵の原則は犯してはならないことになっているからです。

では、国際連合の基準で許されない場合どうなるか——これまで紹介してきた戦後の紛争が、なぜ悲惨だったかといえば、戦後一貫して「国際連合による秩序」なるものが、まったく機能していなかったからでした。そもそも、何らかの国際問題が起きた場合、国連に訴えたところで問題が解決しない場合がほとんどです。

なにしろ、国連自身は強制力（たとえば常備の国連軍）を持っていません。そのため、加盟各国が軍事力を拠出する建前になっているのです。しかし冷戦期には、常任理事国の五カ国が常に角突きあわせているので、拒否権の応酬で何も決められません。

いうなれば、「国連に訴えろ」という建前は掲げているのに、訴えたところで助けてくれず、「自力救済できないものは助からない」という実態になってしまっている。まったく出《で》鱈目《たらめ》な体系です。

しかし、湾岸戦争のときは違いました。ソ連のゴルバチョフが国連安保理の武力行使容認決議に賛成したのです。これまでは、国連安保理で議決を取っても、ソ連と中国が拒否権を発動するか、米英仏の三カ国が拒否権を発動するかの連続でしたが、今回はソ連がアメリカに同調した結果、安保理の一五理事国中、賛成が一二カ国、反対二カ国（キューバ、イエメン）、棄権一カ国（中国）という結果になりました。かくして有志連合による多国籍軍が結成されます。国連軍までは組織されませんでしたが、フセインのイラクは、一国で国連加盟国全部を敵に回すことになってしまったのです。

このときフセインは、イラクに駐在していた外国人を軍事拠点や重要施設に軟禁して、攻撃させないようにする「人間の盾」戦術という非道なことを行ないます。これがもちろん国際法違反であることは、あらためて述べるまでもありません。

さらにイラクは、戦争が始まると、イスラエルやサウジアラビア、バーレーンなどにミサイルを撃ち込みます。いわゆる無差別爆撃であり、これもまた重大な国際法違反です。

ところで、大事なことなので繰り返しておきましょう。同盟国のアメリカが参戦しているということは、自動的に日本も当事者になったということです。このときも日本は、集団的自衛権を行使しているのです。

多国籍軍の圧倒的兵力を前に、一九九一年二月末にはイラクはクウェートからの撤退を余儀なくされます。アメリカのジョージ・ハーバート・ウォーカー・ブッシュ大統領（父）は、アメリカ人にしては珍しくウェストファリア型の目的限定戦争ができる人でした。イラク軍がクウェートから撤退した段階で、停戦協定が結ばれます。

ところが、アメリカ国民の大多数は「総力戦思考」です。相手の権力者を打倒したり、相手国を徹底的に叩きのめしたりしなかった父ブッシュをアメリカ国民は評価せず、ブッシュ（父）大統領は再選できませんでした。

このような経過も、いかにアメリカがウェストファリア型国家たりえないかを雄弁に語ってくれています。

息子のジョージ・ウォーカー・ブッシュ大統領がイラク戦争に踏み切り、ファシズムでなんとか正気を保っていたイラクをズタズタにしました。やらざるをえなかったのです。そして、ダーイッシュ（イスラム国）などテロリストが跋扈して人を殺しまくる地獄の地にしてしまった根源はここにあります。

チャンスを逸した北方領土奪還と北朝鮮核開発阻止

ソ連が崩壊したとき、日本がやっておけばよかったことがいくつかあります。その一つが、北方領土の奪還です。

歴史的に見ると、本来、軍事侵攻で取られたものは軍事侵攻で奪い返すしかありません。

アメリカが小笠原諸島や沖縄本島をおとなしく交渉で返してくれたことは、血を流さずに済んだという意味では幸いでしたが、「話しあえば流血なしに領土は取り返すことができる」という間違った認識を日本人に抱かせることになりました。

日本はアメリカに負けるまで敗戦を経験したことがなく、そして、世界有数の長い歴史を持つ国です。それゆえ、固有の領土という概念がＤＮＡレベルから染みついています。もともと自分のものなのだから、返してもらえるのが道理だと思っています。

しかし、これまで述べてきた近現代史を見ていただければ、そこにあるのは野蛮な歴史ばかりです。われわれは、この野蛮な国際社会の中で生きているのです。

野蛮といえば、わが国は北朝鮮という野蛮な国に、いま現在も悩まされ続けています。その元凶こそ、ソ連崩壊と湾岸戦争の後、北朝鮮に核開発を許してしまったことです。

北朝鮮や中華人民共和国などの東アジアの共産主義国は、ソ連が崩壊しても、連動して民主化することはありませんでした。指導者全員、コミンテルンに教育を受けますが、ベトナムのホー・チ・ミンにしろ、中国の毛沢東にしろ、その後は独自の道を歩みました。北朝鮮の金日成も同様で、ソ連共産党がなくなったとしても、そのイデオロギーが揺らぐことはありませんでした。

朝鮮戦争のときに裏切られて以来、金日成は衛星国であることをやめています。後を継いだ息子の金正日が権力を掌握しきったときには、ソ連や中国に留学経験を持つエリートはすべて粛清していました。

唯一困ったのは、核兵器を持つアメリカに対抗できる核の傘を失ったことだけでした。中国も核兵器を持っていますが、金一族は韓国ほど中国に従順ではありませんし、何でもいうことを聞こうなどとはつゆほどにも思っていません。金正日は毛沢東主義の独裁者です。まもなく、軍事をすべてに優先させるという「先軍政治」を行なうことを宣言し、大飢饉が起きたときも、国民への救済よりも核開発を優先させます。

一九九三年にアメリカ大統領に就任したクリントンは、北朝鮮の核開発に危機感を抱き、一九九四年頃には北朝鮮・寧辺の核施設を空爆することを真剣に検討します。もし、このときに空爆をしてさえいれば、状況はまったく変わったことでしょう。

しかしアメリカは空爆できませんでした。アメリカに能力がなかったのではありません。北朝鮮が核兵器を持って困るのは、地続きの韓国と、海を隔てただけの日本のはずですが、クリントンの空爆に、この二国が反対したのです。

一九九四年・朝鮮半島危機の教訓

一九九四年にアメリカの空爆に反対した韓国の大統領は金泳三です。朴正熙、全斗煥、盧泰愚など韓国大統領が軍国主義だった時代は、北朝鮮による対韓国工作をなんとか抑えていましたが、民主化した途端に、北朝鮮にやられ放題になります。世論も政治も、見方によっては北朝鮮に完全に乗っ取られたかのような状況になってしまいました。なにしろ、間接侵略は共産主義の十八番です。

金泳三大統領は、前任の盧泰愚による民主化を受けて大統領になった人物ですが、彼が大統領でなかったら、金正日も核開発を強行できなかったかもしれません。

日本はともかく、韓国が賛成しないものをアメリカが無理をする理由はありません。

実は、この構造はいまも変わっていません。二〇一七年八月現在、北朝鮮が大陸間弾道弾の発射実験を繰り返して緊張が高まっているときも、文在寅大統領は「朝鮮半島で再び戦争があってはならない。朝鮮半島での軍事行動は韓国国民だけが決定することができ、誰も韓国の同意なくして軍事行動を決定することはできない」「朝鮮半島で二度と戦争は起きない。トランプ大統領も北朝鮮に対してどのようなオプションを使っても、すべてのオプションについて韓国と十分に協議し、同意を得ると約束した」などと広言しています。

片や口では「強い制裁で北朝鮮を交渉のテーブルに呼び出す」などといっていますが、もう一方では「アメリカの軍事行動に同意しない」といって北朝鮮を安心させているのですから、北朝鮮の暴発が止まるはずもありません。さすがにアメリカ国内では「韓国をもう助けるな」という声が専門家から上がりはじめているとか。

さて、一九九四年当時、日本の首相は誰であったかというと、細川護熙です。細川はこのときの危機の緊張に耐えきれず、一年ももたずに政権を放り出した人ですが、政権内部に北朝鮮派の武村正義氏がいるなど、あらゆる面で北朝鮮に有利な状況がそろっていました。

細川は一九九三年八月二十三日の所信表明演説で、現職総理大臣として初めて第二次世界大戦中の日本について、「過去の我が国の侵略行為や植民地支配などが多くの人々に耐えがたい苦しみと悲しみをもたらしたことに改めて深い反省とおわびの気持ちを申し述べる」と述べて、「加害責任」を表明する言葉を使った人でもあります。

その直前の一九九三年八月四日には、当時官房長官だった河野洋平が「慰安婦移送や慰安所の設置・管理で日本軍が直接あるいは間接に関与した」とする河野談話を発表し、さらにその発表の場で「（強制連行は）そういう事実があったと。結構です」と述べたことによって、日本は東京裁判史観の「人殺し国家」プラス「強姦魔国家」の入れ墨を入れられていました（後に、この河野談話は、「元慰安婦」の裏付け調査をせずに韓国と文言調整して作成した「河野談合」だったことが明らかになるわけですが）。

その流れに、現職総理大臣が上積みをしたという罪は重いといわねばなりません。この野蛮な国際社会の中で、一度認めてしまった歴史観を修正するのは容易ではないのです。

コソボ紛争――ミロシェヴィチだけが「悪」だったのか

ソ連が亡び、冷戦が終わった後の一九九〇年代、バルカン半島の国・セルビアの大統領を務めたスロボダン・ミロシェヴィチこそ世界の中心人物でした。

その妻で、自身も政治家だったミラ・マルコヴィチは、苦々しげに回想しています。

〈テロリズムは、ひとりの個人、ひとつの国、ひとつの宗教に結びついた現象ではないの。テロリズムというのは、単に戦争遂行のひとつの手段なのよ。今、この時点でのテロは、イスラム・グループが起こしていて、合衆国が狙われている――ように見えるわね。でも、テロリズムの最初の犠牲者だったのはセルビアなのよ。だから本来なら、まず最初にテロやイスラム過激派と戦うべきだったのは私たち。私たちこそ、まず最初にテロに立ち向かうべき民族だったのよ。本当に残念だけど、このレジスタンスのリーダー（引用者注：ミロシェヴィチのこと）は今、ハーグの刑務所に入れられているわ。そして自分の国以外の場所でのテロを奨励した指導者たちは、自国と世界の世論の支持を受けている。不当極まりない話だわ。でも同時に、馬鹿馬鹿しい話よね。

大国は好き勝手にダブル・スタンダードを振りかざす。自分のための基準と、その他全ての人間のための基準が全く違うのよ。ビル・クリントンと閣僚たちは、コソヴォでのアルバニア分離主義者たちのテロを応援していた。アメリカはテロリストや麻薬マフィア、コソヴォの犯罪者たちの味方だった。クリントン政権はテロリストや麻薬の売人、犯罪者たちを使ってユーゴスラヴィアを揺さぶり、崩壊させようとしていたわ。そして祖国を守ろうとした人（ミロシェヴィチのこと）がハーグにいて、でっち上げの、ありもしない罪で裁かれている〉

（リッカルド・オリツィオ著　松田和也訳『独裁者の言い分　トーク・オブ・ザ・デビル』柏書房、二〇〇三年）

長々と引用してしまいましたが、この中でミロシェヴィチ夫人がいっているテロリストとは、イスラム教系のテロリストを指します。

コソボは、もともとセルビアの発祥の地のような土地でしたが、オスマン帝国に支配されていた時代の名残から、イスラム教を信仰するアルバニア系の住民が多く居住するようになっていました。チトー率いるユーゴスラビアの時代は「コソボ自治州」という扱いです。

旧ユーゴスラビア連邦は、「七つの国境、六つの共和国、五つの民族、四つの言葉、三つの宗教、二つの文字、だけど一つのユーゴスラビア連邦」という数え歌で表されるほどに複雑な構成でした。セルビア、スロベニア、クロアチア、ボスニア・ヘルツェゴビナ、モンテネグロ、マケドニアの六つの共和国からなる国でしたが、この六つの国を取りまとめていた指導者のチトーが亡くなった翌年の一九八一年三月四日、当時はセルビアの一部だったコソボで、「学生食堂の食事がまずい」という理由で起きた暴動をきっかけに全土に騒乱が広がります。

六つの共和国は、数え歌にあるように、異なる民族、異なる宗教、異なる言葉の人たちが暮らしている国なので、共和国が独立した後に内戦に発展しています。戦いは、スロベニア紛争（一九九一年）、クロアチア紛争（一九九一年～一九九五年）、ボスニア・ヘルツェゴビナ紛争（一九九二年〜一九九五年）、コソボ紛争（一九九六年〜一九九九年）、マケドニア紛争（二〇〇一年）と続きました。

この過程で、スロベニア、クロアチア、ボスニア・ヘルツェゴビナ、マケドニア、モンテネグロがユーゴスラビアから独立していきます。ユーゴスラビアに残った共和国はセルビアだけになりますが、自治州だったコソボは残されます。

ユーゴスラビアの解体に伴い、大セルビア主義を掲げるミロシェヴィチはコソボ自治州をセルビアに併合しようとしました。それに反発してコソボの独立を求めるアルバニア系のテロリスト組織「コソボ解放軍」が過激な活動を行ない、それをセルビア側が弾圧。かくして世にも凄惨な事態を招いてしまったわけですが、アメリカやＮＡＴＯはコソボ独立派の支援に回りました。

コソボ紛争がセルビア側の敗北に終わった後、クリントンは、かつてアメリカがニュルンベルク裁判や東京裁判で裁いたのと同じように「人道の罪」の責任を問う裁判をミロシェヴィチに強いました。夫人からすれば、「自分の国を守った咎《とが》で裁判になる、そんな理不尽なことはあるか」というわけです。

しかも、自分の国を揺さぶっていたイスラム系テロリスト集団を支援し、結局はアメリカも自分の国もイスラム・テロにやられているではないか！　というのです。ミロシェヴィチ夫人でなくても、一体クリントンは何をやっていたんだ？　といいたくなる話です。

ここで誤解をしていただきたくないのですが、別にミロシェヴィチを庇《かば》っているつもりはありません。ユーゴスラビアでは、クロアチアとムスリムとセルビアが三つ巴《みどもえ》で争いました。あまりにも事情は複雑です。セルビアだってミロシェヴィチの政敵がウヨウヨいて、一枚岩ではありません。

ところがクリントンは、「セルビアの独裁者のミロシェヴィチ」という妄想を抱き、ミロシェヴィチとセルビアだけを悪者にしました。

はたして、ミロシェヴィチだけが悪なのか。ましてや、自らの不倫疑惑を議会に追及されるのが嫌で、マスコミの目をそらすために世界中で空爆を繰り広げたクリントンに、いかなる正義があったのか。

第三次世界大戦を起こしかけたクリントン

実際、クリントンは本当にろくなことをやっていません。ユーゴスラビア紛争では、思い込みで突っ走って第三次世界大戦を起こしかけました。

一九九九年三月二十四日に、アメリカとNATO軍がコソボ空爆を開始し、セルビアを攻撃するわけですが、実はその前の二月十九日に、セルビア側は「民族衝突が起きないように監視するというなら、NATO軍でなく国連の平和維持部隊を駐留させるのは認める」と妥協案も出していました。しかし、クリントンはあっさりこれを無視したのです。セルビアの後ろ盾だったロシアのエリツィンのメンツは丸つぶれです。

その後、攻撃に踏み切ったアメリカのあまりの暴虐ぶりに、同年四月九日、エリツィンは「核の照準を戻すこともある」という言葉さえ口にしています。実際にバルカン半島では、米露が一触即発になるような事態も起きているのです。

エリツィン政権が倒れたのは、その年の年末、一九九九年十二月三十一日のことでした。レーガン政権でアメリカの内政を犠牲にしてまでソ連共産党を叩きつぶし、エリツィン政権が誕生したわけです。そのエリツィンは、色々問題はありましたが、ロシアを文明国にしようと努力していました。エリツィンが掲げた「民主化」の根幹は、「人を殺してはならない」という価値観をロシアに徹底させることでした。エリツィンと、そして彼の盟友であったアレクサンダー・レベジは、ロシアを「人を殺してはならない」という価値観を共有できる国にしようとしていました。対外政策でも、NATOや日米と協調し、中国と距離を置こうとしていました。

そのエリツィンに冷たく当たってロシアを苦境に追い込み、失脚させたのがクリントンなのです。

代わりに台頭してきたプーチンは、何をかいわんや。エリツィンこそ天寿を全うできましたが、レベジを始め、プーチンの気に食わない人間は片っ端から暗殺か不審死です。

アジアでは、前説のとおり日本と韓国が役立たずだったとはいえ、クリントン政権のアジア政策は北朝鮮と中国を利しただけです。気がつけば中国を大国に育て上げ、とんでもない存在にしてしまいました。

いまの日本は、共産中国、プーチンのロシア、金一族の北朝鮮に苦しめられていますが、それもこれも冷戦時代に何もしなかったことのツケです。

息子ブッシュの失敗の数々

クリントンの後始末をさせられることになったブッシュ（息子）の時代になると、余計にアメリカの国益を見いだすことは困難になります。

9・11テロは犯罪です。やられたらやり返すしかありません。しかし、捕まえたテロリストをグアンタナモで拷問にかけるなど、肝心なところで文明の法を守れない野蛮さをむき出しにするので、国際的な非難を浴びます。復仇《ふっきゅう》は国際法上認められてはいる権利ですが、自力救済を超えるものは単なる違法行為でしかないのです。

サダム・フセインやテロリストを悪の枢軸と断じるまではいいでしょう。しかし、イラク戦争後のイラクで日本型占領統治を行なうといっていましたが、もしそれをやるのであれば、フセインを殺してバース党を粉砕したのは失敗です。

第二次世界大戦では、日本は天皇の御聖断で降伏しました。政府が健在です。ドイツの場合は、ヒトラーが自殺した後、ヒトラーが後継者に指名したデーニッツが降伏文書に調印しました。ところが、イラクでは降伏文書を調印する人がいません。あのときのアメリカは「日本モデル」と絶叫していましたが、「ドイツモデル」ですらありません。

息子ブッシュは、父ブッシュの「目的限定戦争」がアメリカ人に受け容れられなかったトラウマから脱却できませんでした。だから、イラク戦争を直前で回避できるならともかく、始まった以上はサダム政権の打倒は絶対条件です。目的を限定できないということは、その戦争は行き着くところまで行かないと終われない戦争になることを意味します。いつ終わるのかの区別がないということは、戦争が野蛮になる要件です。

思えば、イラク戦争の口実は「大量破壊兵器」がありやなしやの大騒ぎでした。終わってみれば空振りにすぎず、イラクにはアメリカがいうような「大量破壊兵器」はなかったわけですが、しかしそもそも、ベトナム戦争で枯れ葉剤やナパーム弾を大量に使いまくったアメリカに、大量破壊兵器の存在を非難する資格はあったのでしょうか。

息子ブッシュの時代でも、アメリカがやったことは、自分の気に入らない相手にありったけのミサイルをぶち込んで相手国を瓦礫《がれき》にして、いいなりになるような傀儡政権をつくることの繰り返しでした。

そんなアメリカに、満洲国を非難する資格などあるのでしょうか。満洲国建国のほうが、はるかに正しい動機と手段に基づいていたように思うのですが。百歩譲って、溥儀は傀儡だとして、では、イラクのマリキ首相や、アフガニスタンのカルザイ大統領と何が違うというのでしょう。

しかも、これだけ失敗してもアメリカはなお、投票箱を持ち込みさえすれば民主化できるという妄想をいまも捨てていません。

オバマによる「アメリカ引きこもり」で得した国はどこか?

それでも、息子ブッシュまでのアメリカは、「覇権国家とは、世界の警察官として世界の紛争に関わり、解決すべきもの」という妄想で積極的に動いていたということはいえるでしょう。息子ブッシュの政権では、そのような妄想を抱くネオコンと呼ばれる勢力が影響力を持っていました。連中がサダム打倒を強硬に主張したのですが、彼らは「イスラエルの敵を片っ端から叩きつぶせば中東は平和になる。イスラエル人も全員、キリスト教に改宗する」などと本気で考えていました。

そういう狂気と等しい妄想はさておいて。

かつての大英帝国ではありませんが、「世界の警察官」をやるには、アメリカという国は「ルール＝法」というものをあまりにもわからなさすぎました。目的限定戦争ができない国が紛争に関わるのは、ウェストファリア体制以前に十字軍の結成を乱発していたローマ教皇のようなものでしかなく、世界を野蛮にしただけです。

二〇〇九年に政権を取ったオバマは、大統領なのに内政にも外交にも興味がありません。良いことも悪いこともどちらもないというのは、要するに仕事をしていないということですし、国益など考えていないということです。

最悪なのは軍事費を削り、軍を弱体化させたことです。アメリカにとって覇権国家の地位から滑り落ちることは、最も国益に反する行為のはずです。

それにしても謎なのは、まだ大統領に就任して、これという成果もないうちにノーベル平和賞が授与されたことです。ヨーロッパがアメリカを弱体化しようとして「位打《くらいう》ち」したとしか思えません。「位打ち」とは日本の後白河法皇の得意技で、相手をうまく手の内で踊らせるために、あえて高い位をあげてしまうことです。

そのオバマの任期八年間が終わってみると、目立つのはポリティカル・コレクトネス、マイノリティーの台頭です。レーガン登場前の、反戦運動が激しくなった頃のように、国から保護を受けるものの声ばかりが大きくなり、保護政策を行なう原資を作り出している中間所得者層はサイレント・マジョリティーと化しました。

そこに、何らかの巨大な意思が働いていないといえるでしょうか？　アメリカが引きこもることで得をした国はどこだったのでしょう？　軍備らしい軍備を持たない日本にとって、アメリカの軍備が減ることは、身ぐるみをはがされるに等しいはずです。アメリカ以上に、守りが手薄になって困るのはどこなのでしょうか。そんなアメリカを覇権国家と呼んでよいものなのでしょうか。

二〇一六年、アメリカが新たに選んだのは、「アメリカ・ファースト」を掲げるトランプでした。アメリカ・ファーストとはすなわち国益そのものです。自らの国益を守れない覇権国家は覇権国家ではありません。その意味では、トランプの主張は、何ら筋を外したものではありません。

トランプ政権によるシリアへの「警告」空爆

二〇一七年四月七日、アメリカ・トランプ政権はシリアのアサド政権が市民に対して化学兵器を使用したことを理由に、シリアに空爆を行ないました。国防省は、アサド政権が二度と化学兵器を使用しないよう抑止することが爆撃の目的で、飛行場の格納庫、飛行機、保管区域、武器庫、防空システムとレーダーに対して攻撃を行なったと説明しています。

これはオバマ政権の八年間止まっていた「警告」としての空爆が復活したと見るべきでしょう。空爆は必ずしも良い方法であるとはいえませんが、アメリカにとって安全保障の手段としてはオーソドックスなものであり、特別なものではありません。

空爆された地域は、シリアで内戦を行なっているいくつかの勢力が入り乱れており、具体的にどの化学兵器を使ったのか、どの勢力がそれを使ったのかの特定には時間がかかるでしょう。しかし、アサド政権が化学兵器を使用した疑いは濃厚です。仮に、それをやったのが

シリア空爆における各国・勢力の関係図

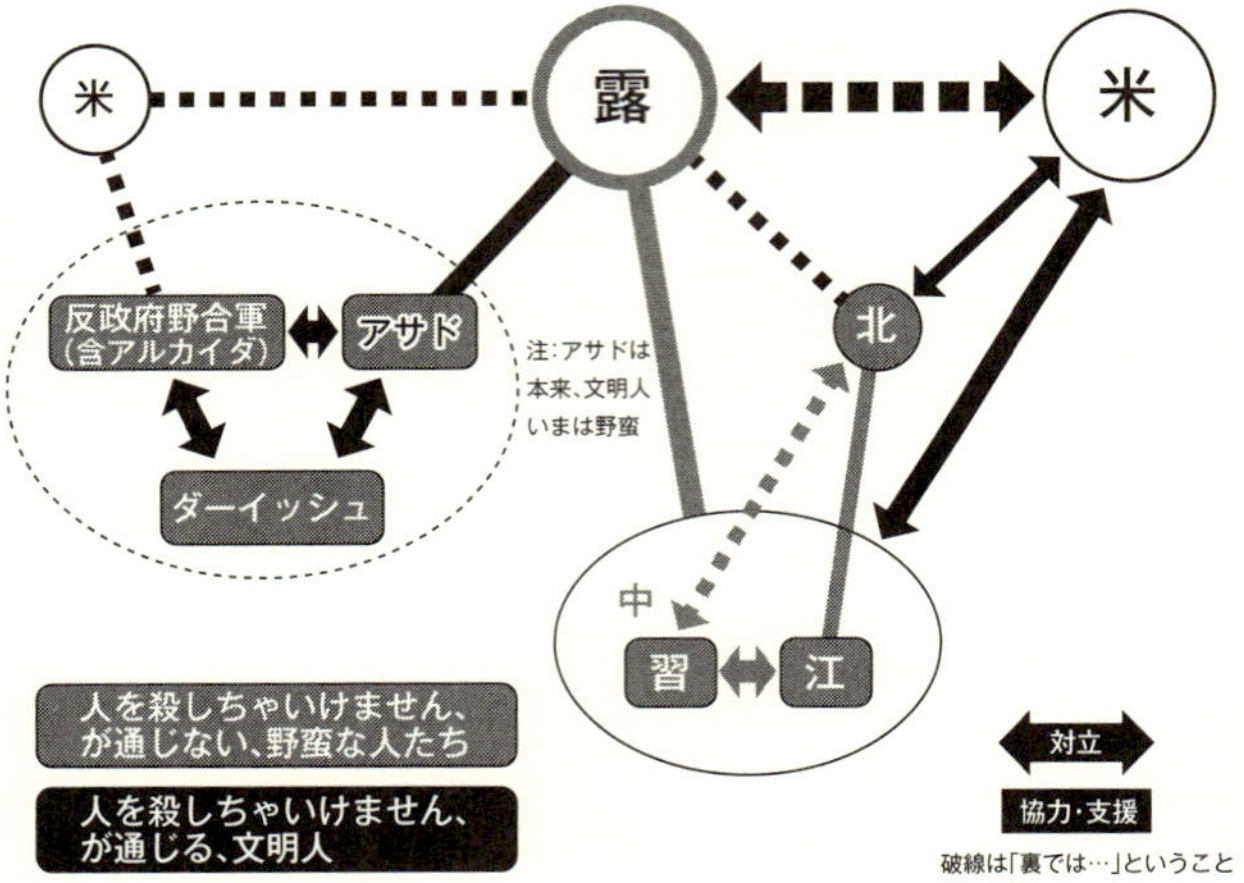

アサド政権でないとしても、不必要な殺傷、無意味に惨たらしい、理由のない殺し方をすれば、同じ目に遭わせるぞという警告になります。

無法地帯となったシリアからはすでに大量の難民がヨーロッパに大挙して押し寄せているので、単なる人道的な介入以上に、周辺国にとってはこれ以上の難民が増えることを阻止してもらえるという意味があります。こういうのは侵略とはいいません。

国際法とは、外交のルールであると同時に、自国の行為を正当化する武器なのです。

本書で繰り返し指摘してきたように、一九四五年に国連憲章は「戦争」を根絶しました。しかし、定義としての「戦争」をなくしたところで、人を殺しあうことをやめられたのかというと、そんなことはありません。

むしろ逆に、定義上の戦争を根絶したことで、世界中の紛争には、敵・味方・中立の区別も、戦闘員と非戦闘員の区別も、戦闘地域と非戦闘地域の区別も、戦時（戦争）と平時（平和）の区別もなくなってしまいました。一九四五年以降の世界においては、いつ、誰が、どこで武力行使をするのかということは、もはや、いきなり暴力をふるう本人（テロリスト）にしかわからないのです。

複雑でわかりづらい中東情勢をどう読み解くか

シリア空爆の話が出たところで、複雑でわかりづらいといわれている中東情勢をどう読み解いたらよいかを解説しておきましょう。

まず、中東を区別すると、ユダヤ教徒、ユダヤ人のイスラエルがあります。中東ではイスラエルは同盟している国はありません。キリスト教徒は中東には国家を持っていません。ですから、ユダヤ教のイスラエル以外はすべてイスラム教国です。

アメリカは敵と味方を間違える天才です。大量破壊兵器の存在を理由にサダム・フセインを殺害してしまったために、瞬く間に中東じゅうに無秩序が広がりました。

二〇一〇年には、チュニジアから始まった「アラブの春」で、エジプト、リビア、イエメンで独裁体制が倒れます。この「アラブの春」もアメリカの工作が背景にあるという分析がありますが、その後の混乱を見ると、さもありなんといいたくなります。

ヨルダン、モロッコ、バーレーンでは、民主化の要求に沿った憲法改正が行なわれますが、シリアでは政府と反政府勢力との対立が内戦に発展し、一番悲惨なことになりました。

シリアもイラクと同じイスラム過激派の国です。バース党アサド政権の独裁でもまとまりきっていないのに、そのバース党をなくしたら、イラクの二の舞は避けられません。しかし、アメリカはアサドをつぶせと大合唱しています。二〇〇二年には、息子ブッシュが一般教書演説で「悪の枢軸」として、北朝鮮、イラン、イラクを名指しして批判しましたが、その後、シリアもリビア、キューバと共にその中に加えられてしまいます。

チャンネルくららで中東の近現代史を解説してくださっている内藤陽介先生によると、シリアの政権は反イスラエルを国是としていて、国内的に何か悪いことが起きると何でもイスラエルのせいにするところがあるのだそうです。アメリカが反アサド政権の連合軍を支援するのは、彼らが反イスラエルのアサドと対抗しようとしているからです。

ところが、アメリカにとって予定外だったのは、同じく反アサドで共闘できるといって、アルカイダやダーイッシュ（イスラム国）までくっついてきてしまったことです。ダーイッシュは、アルカイダに過激派呼ばわりされるようなグループです。彼らはアメリカにとっては許しがたいテロリストたちですから、何でこいつらまで支援することになるのかと頭を抱えたはずです。

シリアの多数派はスンナ派アラブ人ですが、多数派といっても全体の六割程度にすぎません。残り四割は同じスンナ派でもクルド人、アラウィー派、クリスチャンなどマイノリティーで構成されています。その中で、政権担当能力があったのが、少数派のアラウィー派に属するバース党アサド政権です。

ちなみに、シリアの現大統領であるバッシャール・アサドは次男で、イギリスで医師をめざしていました。後継者と目されていた兄が事故死したため、やむなく後継者となった人だといわれています。イギリス時代に知り合って結婚した妻は、シリア国内では多数派であるスンナ派のアラブ人であり、イギリスでキャリアウーマンとして活躍していた人物でした。そのため、二人の結婚は国家の統合、象徴として、多数派のスンナ派にも歓迎されました し、イギリスで教育を受けた二人が、西側の世界に対するスポークスマンとなることで、シリアの近代化が促されることも期待されていました。

バッシャール・アサドが政権を引き継いだとき、国内では汚職の追及が行なわれるなどして、対立が激化します。弾圧を受けて難民になった人や、殺された人たちも非常に多く出ました。しかし、アラウィー派のアサドが嫌だからといって、アルカイダやダーイッシュ系の原理主義の人たちの支配下に入ることをいいと考える人は、ほとんどいません。

アメリカの中東政策の間違いは、「投票箱を持ち込めば民主化できる」というところにあります。

しかし、シリアの内情を見ればわかるように、国家が国家として存立するために必要な当事者能力のある政権維持能力があるのが多数派ではなく少数派ですし、多数決に任せれば宗教原理主義に傾くのは目に見えているわけです。

アメリカにとって、中東は生命線ではなく、利益線でしかありません。中東の石油がなくてもアメリカは生きていけるので、中東の石油に依存する親米国家を守って、テロさえつぶせればいい、くらいの感覚なのかもしれません。

日本はシアターからアクターになれるか

トランプは、日本に対して初めて「つけっぱなしにしてきた首輪を外し、一緒に戦おう」

といった大統領です。トランプが求めているのは、当事者能力のあるパートナーなのです。日本はその声に、はたしてどう応えるか？

日本はいま、自らがアクターとなり、舞台に立つ意思と能力が問われる、戦後何度目かの局面を迎えているのです。自分の足で立ち、自分の力で国益を得る。そういう国に、今回こそ日本はなれるのでしょうか。

国際社会の秩序の中に生きる国家であるならば、秩序を維持する意思と智恵と能力がなければなりません。国際法とは、単に戦争だけのルールのみならず、それを守ることにおいて、文明国なのか、非文明国なのかを問うものでもあったはずです。そうであるならば、非文明のならず者から国際法秩序を守る文明国であるためにも、自らがあらゆる力を備えていなければならないのです。

日本はかつて、世界一国際法を熟知し、遵守することができた国です。舞台に立つ能力はあるのです。後はそれを使いこなす意思と学ぶ意思だけです。

シアターからアクターへ。安倍政権が掲げる悲願の戦後レジームからの脱却の鍵は、この「国際法」にあるのではないでしょうか。

終章　あらためて、なぜいま国際法を学ばねばならないか

二〇一六年十二月のプーチン訪日に見る「ヤクザの仁義」

世の中には忘れていいことと、いけないことがあります。特に日本人は都合が悪いことはすぐに忘れてしまいがちですから気をつけなくてはいけません。

まず私がここで指摘したいのは、二〇一六年十二月にプーチンが来日して行なわれた、安倍・プーチンの日露首脳会談です。あのとき、なぜか日本国内では「ついに北方領土が還ってくる。少なくとも二島は先行返還される。いやいや共同統治も」などといった薔薇《ばら》色の言説が大いに撒き散らされました。

私は『世界一わかりやすい地政学の本』（ヒカルランド、二〇一六年）の最後の章で、ロシアのプーチンは絶対に北方領土を返さないと言い切りました。国際関係は国際法と地政学の二刀流で考えるものです。プーチンは、当然、この地政学で世界を見ています。

小著『国際法で読み解く世界史の真実』でも書きましたが、ロシアにとって「国際法」とはヤクザの仁義と同じものです。彼らにとって、外交とは命がけのシノギですから、力のない者のいうことは聞きません。KGB出身のプーチンは、もともと「力の論理の信奉者」なのですから、相手にいうことを聞かせるだけの「力」のない者が交渉していい相手ではないのです。

実際に、この日露首脳会談の直前に行なわれた二〇一六年十二月十四日の読売新聞記者との単独インタビューで、プーチンは何を語っていたか。

〈**記者**　北方領土の問題はロシアから見ても、唯一残された国境線の問題だというふうに認識をしている。

プーチン　ロシアには領土問題は全くないと思っている。ロシアとの間に領土問題があると考えているのは日本だ。それについて我々には話し合う用意はある〉

思い出してください。中国がたびたび領海侵犯を仕掛けてきている尖閣問題について、日本は何といっているでしょうか。それと同じことをプーチンは北方領土問題について主張しているのです。竹島も同じです。実効支配を行なっている韓国は「領土問題はない」といい、日本は「ある」といっています。

あらためて説明しますが、北方領土とは、一九四五年にソ連が日ソ中立条約を破棄して対日参戦して占拠した、国後・択捉・歯舞・色丹の四島のことをいいます。一九六五年に日ソ共同宣言が締結され、その中で歯舞・色丹の二島については平和条約が締結された後に引き渡すと定めますが、日本は国後・択捉の二島を譲らなかったため、その後のソ連は「領土問題は存在しない」ことを公式見解としました。

一九七三年十月、田中角栄とブレジネフとの会談で「領土問題」が日ソ二カ国間の「未解決の諸問題に含まれる」ことを確認したとされ、実効支配をしているロシアが領土問題として認めている例外的なものと解釈されています。

ただ、これは田中角栄の声があまりにも大きかったので、ブレジネフが「オー」というところを「ダー」といってしまったのだともいわれますし、一九七七年にはブレジネフ自身が、『朝日新聞』に答えて「両国間の関係に何か〝未解決の領土問題がある〟という解釈は、一方的で不正確である」と述べたそうです（木村汎《ひろし》『新版 日露国境交渉史 北方領土返還への道』（KADOKAWA、二〇〇五年）。

その後、一九九七年十一月の橋本龍太郎・エリツィン会談で、二〇〇〇年までに平和条約を締結するとまで話が進んだかに見えましたが、エリツィンが健康上の理由からプーチンに大統領を禅譲したのち、橋本・エリツィン会談での話は「単なる努力目標」というところまで後退させられました。

それでも、二〇〇〇年、大統領就任直後のプーチンは「平和条約締結後、歯舞、色丹を日本に引き渡す」という日ソ共同宣言の有効性を公式に認めていました。

それが、今回、一島も帰ってこないどころか、「そんな問題自体、存在しないが、話しあう用意はある」というところまで、さらに後退してしまったのです。

ルールの範囲で「話があるなら聞いてやる」

平和条約締結に向けた交渉は継続する、また、その対象として北方四島の名前が確認されてはいますが、このインタビュー後の公式会見の中で「領土問題」という言葉は、まったく出てきていません。経済協力特区の話と、領土問題とは別物です。

〈**記者**　今度の首脳会談で平和条約の締結にまで持って行くことは現段階で見通すことができないと考えていいのか。日本はこれまで四島の帰属問題の解決を求めてきた。

プーチン　もちろん、それ（平和条約締結）をめざしている。しかし、日本のせいで交渉は中断した。そして、日本が求めたので、我々は二〇〇〇年に再び共同宣言に基づき平和条約の締結をめざすことにした。共同宣言には二島（引き渡し）について書かれている。だが、

〈あなたは〉四島の問題について言及した。共同宣言の枠を超えている。これは全く別の話で、別の問題提起だ。第二次大戦という二十世紀の恐るべき悲劇の結果は、しかるべき国際的な文書によって確定していることを理解しなければならない〉

プーチンの回答が、国際法の用語を用いていることにお気づきでしょうか。プーチンの基本的なスタンスは、国際法（一九五六年の日ソ共同宣言のこと）を守れ、そのルールの範囲で「話があるなら聞いてやる」というものです。ですから「共同宣言の枠を超えている」というのは「国際法を破るな」という意味です。

ヤクザの仁義として通訳するなら「交わした盃を返す気か?」といっているのと同じですし、交渉の中断も再開もロシアから求めた話ではなく、すべて日本のせいにされています。「お前がやったんじゃろうがぁ！」と因縁をつけてきているプーチン。それを押し返すだけの力が、いまの日本にあるでしょうか。

本書で繰り返し述べてきたように、日本は国際社会の「アクター」とはいえない存在です。ヤクザの仁義という国際法に則って、任侠の世界でたとえるならば、日本はせいぜいアメリカという親分と盃を交わしている舎弟という扱いです。

「交渉したいというなら応じてやる、だが交渉の成否は私のせいではない」というのは、日本を対等の相手だと考える気がないことを示しています。こういう交渉は、すればするほどハードルを上げられるだけです。交渉そのもので、相手を譲歩させるなどできるはずがありません。

プーチンの政敵には原因不明のヘリコプター事故死が多い

柔道をたしなむことから、プーチンのことを親日家である、あるいは優秀だと褒める日本人もいます。しかし、そういう人に「アレクサンダー・レベジについてどう思いますか?」と尋ねると一〇〇パーセントの確率で答えられません。

繰り返し強調しますが、レベジはエリツィンと組んで、西欧諸国ではNATOに、アジアでは日米と接近して、中国と対抗しようとした政治家です。自由主義経済を導入して、ロシアをまともな文明国（人を殺してはいけない国）にしようとしていました。

対するプーチンの頭の中にあるのは、旧ソヴィエト連邦時代のような「強いロシア」の復活です。そんなプーチンにとって、旧ソヴィエト連邦を崩壊させたアメリカは仇敵です。アメリカや、アメリカの同盟国である日本と手を組もうとしたレベジは邪魔な存在でしかありません。

そのレベジは二〇〇二年四月二十八日、謎のヘリコプター事故で死亡しました。本当に事故だったのか、そうでないかはわかりませんが、プーチンの政敵には原因不明のヘリコプター事故死が多いのです。プーチンを褒めたたえていた、ある元日本外務省キャリア外交官に「それって、不思議だと思いませんか？」と話したところ、手にしていたワイングラスを超高速で回しはじめました。中のワインを一滴もこぼさなかったのは、さすが外務省の薫陶の賜物《たまもの》でしょう……。

こうしたことは、プーチンがどういう流れで、いまに至るのかという歴史的な相対評価をやらないと見えてこない話です。

領土問題をなかったことにされてしまった安倍首相は完敗

プーチンは先のインタビューでこうも語っています。

〈**記者**　大統領は、この八項目の経済協力プランについて、平和条約締結のための唯一の正しい道だと述べた。これを平和条約締結の条件として一番大事に考えているのか。

プーチン　これは条件ではない。これは必要な雰囲気作りだ。我々は中国と中国の友人たちと、国境問題について四〇年交渉してきた。露中関係でも国境問題があった。しかし我々は今日、露中関係を戦略的パートナーシップに位置づけている。しかも特権的な戦略的パートナーシップだ。ロシアには中国との間でこれほどの信頼関係はかつてなかった。中国は貿易・経済面での最大のパートナーだ。我々は大規模で巨額の共同プロジェクトをいくつも実現している。

記者　中国との国境画定について、大統領は中国とは深い信頼関係があったと。日本との間にはまだその域には達していないのか。

プーチン　日本は我々に経済制裁を科した。なぜウクライナやシリアの問題を日本は露日関係に結びつけるのか。日本には（米国との）同盟関係上の何らかの義務があり、我々はそのことを尊重するのはやぶさかではないが、しかし、我々は日本がどのくらい自由で、日本がどこまで踏み出す用意があるのか理解しなければならない〉

まさに、いいたい放題。二〇一四年のクリミア併合に対して、日本は欧米とともにロシアに経済制裁を科しました。プーチンは見事にこれを逆手に取っています。四島を特区にした経済協力に関しても「制裁を受けたまま、どうやって経済関係を新しいより高いレベルに発展させるのか?」と答えています。

日本にも日本の立場があることなど、プーチンには百も承知です。それをわかっていて、あえて返す言葉がないような当然の理屈をぶつけてきているわけです。この部分だけでも、この交渉が譲歩どころか、ハードルだけが上がっていく構図であることを物語っています。

しかも、日本が最も気にするはずの中露関係は極めて良好だと大いにぶち上げているのも、もちろん日本を翻弄し、ゆすってやろうという計算があってのことです。

交渉した結果として、領土問題をなかったことにされてしまった安倍首相は完敗です。一〇〇点満点でマイナス三〇〇点の負けだといってよいと思います。

プーチンは国際法を使いこなすのがうまい

本来、隣国が仮想敵国だというのは国際関係の常識です。とりわけ、ロシアと中国は長い国境を接していますし、中国はロシアの辺境地域に人を送り込んでいて、プーチンにとっては、領土侵略の脅威を感じないわけにはいかない相手です。決して間違っても好ましい国だと思っているわけではありません。

しかし、中国はアメリカと敵対している国という点で、手を組める相手ですし、プーチンの権力基盤となっているガスプロム社にとっては重要な顧客でもあります。

それまでも、プーチンは中国に対しては一度も強硬姿勢を取ったことはありません。ロシアのいまの軍事力は、プーチンがクーデターを恐れて、掌握可能な程度に骨抜きにされています。

げんに二〇〇四年十月十四日に締結された「中露国境東部区間に関する補充協定」では、係争地の三分の二を中国領土として確定したが、ロシア国内では報道を規制し、両国が半々に分けあったと説明しているといいます（『産経新聞』二〇〇五年十一月十一日）（樋口恒晴『「平和」という病』ビジネス社、二〇一四年）。

国際法が成立し、第二次世界大戦に向けて崩壊していく過程を書いたのが前著『国際法で読み解く世界史の真実』でした。

本書では、伝統国際法が崩壊した後の現代史について述べていますが、崩壊して七十年。まだ、国際法は武器たりえるということをプーチンは教えています。外交上手というのは、単にパワーゲームが得意なのだと勘違いしている人が多いのですが、そうではありません。国際法の使いこなし方がうまいのです。

このようなロシア、そして中華人民共和国、北朝鮮……野蛮な国々に囲まれ、恫喝されてさえいる日本。はたして、わが国は、どうすればいいのか——。

おわりに——日本が進むべきは「徳川家康の道」か「今川氏真の道」か

時空を超えた比較をしたいと思います。

吉田茂と徳川家康、どちらが偉いか。

吉田茂とは、いうまでもなく戦後の日本を創った総理大臣です。吉田が首相時代に行なった「軽武装・経済成長」という政策は、いつの間にか一時の政策ではなく、守るべき路線に祭り上げられてしまい、いつしか「吉田ドクトリン」と呼ばれるようになりました。日本は敗戦からの復興、そして経済成長を最優先とする。何より、アメリカの手伝い戦に駆り出されたくない。

吉田は、日本の再軍備を頑《かたく》なに拒否しました。功罪両面があると思います。とにかく吉田の強い思いであった、「アメリカの手伝い戦に駆り出されたくない」は実現しています。

はたして、それは日本にとって幸せだったのでしょうか。それが、「吉田茂と徳川家康、どちらが偉いか」という比較なのです。

家康率いる三河武士団は、命あらばどこまでも戦い抜くことを厭《いと》わない人たちでした。徳川家はお家の安全保障上、西方の大大名である織田信長と同盟を結び、信長が死ぬまで律儀に同盟を守り続けます。信長からしたら東方の大大名である武田信玄への備え、いうなれば盾です。三河武士団は、武田家の軍事的脅威に常にさらされ続け、軍事侵攻にも耐え続けました。殴られても殴られても国境を防衛し続ける戦いを、二十年続けます。

のみならず、織田家の手伝い戦でこき使われようが何をしようが、とにかく全力で戦い、獅子奮迅《ししふんじん》の働きをしてみせました。信長が三河武士団の戦いぶりに救われたことは、姉川の戦いをはじめ多々ありました。

信長からしたら、こんな頼りになる同盟軍は、なかなかありません。しかし、家康もいいように使われて信長のご機嫌を取るだけではありません。苦しい「手伝い戦」を勝ち抜くことによって、力を蓄えようと考えていたのです。そして、最後にそれが活きたわけです。三河武士団は気がついたら日本最強の武士団になり、戦国の覇者となったのは、信玄でも信長でもなく、家康でした。

吉田茂は「アメリカの犬になるのは嫌だ。だから手伝い戦を一切しない」などと、リアリストを気取りました。

アメリカが再軍備を求めてきたのは、朝鮮戦争です。この時、日本は機雷を駆除する掃海艇を派遣し、死者まで出しています。では、それで「手伝い戦」になるのか。

朝鮮戦争は北朝鮮を応援するソ連や中国に対し、韓国を守ろうとする国連軍が戦った動乱でした。国連軍の主力はアメリカですが、他にイギリス、フランス、オランダ、ベルギー、カナダ、トルコ、エチオピア、タイ、フィリピン、コロンビア、ギリシャ、オーストラリア、ニュージーランド、南アフリカ、ルクセンブルクといった国々が戦闘に参加しています。

参加したそれぞれの国に、思惑はありました。トルコは当時、ソ連と直接国境を接し、睨《にら》み合っていました。ですから、アメリカの戦である朝鮮戦争に参加して恩を売ると同時に、「いざとなればわれわれはこのように戦うぞ」という国家意思をソ連に突きつける意味があったのです。

地球の裏からやってきて戦っている国があるのに、日本は何をやっていたのか。吉田のリアリズムなど、何の役に立つのか。

吉田やその後の歴代政権の路線を戦国にたとえると、「織田・徳川同盟における三河武士団になるのが嫌だ」です。吉田茂は、徳川家康になる道を捨てたのです。

では、戦国大名でいうと、誰になったのか。

今川氏真《うじざね》です。

氏真は、父の今川義元が桶狭間の合戦で織田信長に討たれたことを受けて、家督を継ぎます。しかし、蹴鞠《けまり》や和歌に熱中します。今川家は父の代では大国であったにもかかわらず、氏真は無為に時間を過ごし、みるみる国力を低下させます。氏真は国防努力をすることもありません。父の弔《とむら》い合戦を行なう意思も見せずに腑抜《ふぬ》けている氏真から、人心は離反しました。周辺諸国の武田や徳川の侵略に耐えきれず、ついには亡国に至りました。

アメリカや中国に小突き回されて、周辺諸国の顔色ばかりうかがって生きている現代日本と瓜二つです。明日の日本が亡国ではないと、なぜいえるのでしょうか。

ちなみに氏真は、天正三年（一五七五）に父の仇である織田信長と京都で会見していますが、蹴鞠を所望され、公家たちと披露しています。プライドなど、カケラもありません。そして、二度と大名に復帰することはありませんでした。

そんな氏真が残した辞世の句が、二つあります。

なかなかに　世にも人をも恨むまじ　時にあわぬを身の咎《とが》にして
悔しとも　うら山し共《とも》思はねど　我世にかはる世の姿かな

どちらも、恨みや悔しさはないわけではないけれども、時代のゆえさ、許してやる、というほどの意味でしょうか。そういうことは勝ってからいうもので、氏真がいっても負け惜しみにしかなりません。

徳川家康ではなく、今川氏真の道を歩んだ敗戦後日本。
今後、われわれはどのような未来に進むべきでしょうか。
一つは、これからも今川氏真のように生きることです。プライドを捨て、周辺諸国の顔色をうかがいながら生きればよい。北朝鮮は「日本列島を核で沈めてやる」などと嘯《うそぶ》いていますが、それに対して、わが国はＦＡＸで遺憾の意を伝えるだけです。核兵器とＦＡＸ、何の冗談でしょうか。

もう一つは、徳川家康の道です。

家康の生涯は、常に大国相手の忍耐の日々でした。今川、武田、織田、そして豊臣秀吉。あらゆる理不尽に耐え、知恵を絞り、黙々と働き、富を蓄え、したたかに生き抜く。何より、安全保障上の重要な同盟国の手伝い戦を命懸けで戦い抜く。

そして、いまこそ家康の道を歩む千載一遇の好機なのです。

現在、アメリカのトランプ大統領は、自由主義陣営で孤立しています。ヨーロッパも、オーストラリアも、メキシコも、「人を殺してはいけない」という価値観を共有している国々と摩擦を繰り広げています。世界を見渡しても、真の盟友はイスラエルのネタニヤフ首相ぐらいでしょうか。大国の友人はいません。

それに引き替え、アメリカの覇権を脅かそうとする、「人を殺してはいけない」という価値観が通じない国々は東アジアに集中しています。中国、ロシア、北朝鮮です。

これこそ、千載一遇の好機です。幸い、安倍首相は個人的にはトランプに嫌われていないようですし。また、トランプも日本の防衛努力を期待する発言を繰り返しています。日本の敗戦以降、民主党はもちろん共和党も含めて、すべての歴代大統領が日本の再大国化を容認しませんでした。ところが、今度はアメリカのほうからいってきました。誰はばかることありません。

やり方は簡単です。まず景気を回復させます。わが国はいまでも、世界有数の経済大国なのです。ということは潜在的軍事大国です。富を蓄えたら、やることは国防努力です。少なくとも周辺諸国に脅かされない軍事力がないと、外交にもなりません。何度でも繰り返しますが、習近平もプーチンも金正恩も、力の論理の信奉者なのです。だから自分より弱い者とは話をしませんが、自分より強い者とは絶対に戦わないのです。と、ここまでは、政府の仕事です。

何よりも大事なことは、賢くなることです。そして、これは政府だけに任せるのではなく、国民一人ひとりがなすべきことです。

いま、日本の言論界には二つの議論しかありません。「安倍アンチ」と「安倍信者」です。「安倍晋三のやることは何でも反対だ」という安倍首相にケチをつけるだけのアンチ、「安倍さんを応援することが日本を良くする道だ。安倍さんの批判を一切するな」とアンチにケチをつけるだけの信者。テレビのようなメインストリームでは前者が、インターネットのような新しいメディアでは後者が優勢のようです。

いずれも間違っています。そもそも、人間の評価に零点や百点があるでしょうか。ありえません。そうした絶対に間違っている二択しかない悲惨な言論状況で、一人ひとりの国民が賢くなることこそが、国を護るということなのだと信じています。

これまで、私は日本と世界の歴史に関する本を、多く書いてきました。わが国は嫌でも世界の中で生きていくしかありません。しかも、実に野蛮な国々に囲まれて。

だからこそ、かつての大日本帝国が世界に誇れる文明を持っていたことを、全人類の模範たる国際法の先進国であったことを、見直すべきだと考えています。これは、多くの著作で訴えてきたことです。

そして本書では、文明の謂《いい》である国際法を世界で最も守り広めた大日本帝国なき世界が、いかに野蛮となったのかを、描きました。もしかしたら、不愉快な本かもしれない。

しかし、この不愉快な現実を見据えなければ、未来は勝ち取れません。

幕末日本。軍事力でも、経済力でも、科学技術力でも劣っていました。しかし、魂だけは負けていませんでした。黒船を見て、「そうか、あれをやればいいのか」と多くの人が自信を持ちました。何をすればよいか、解が見つかったからです。後は行動するだけでした。

そして、みんなが頑張ったから、日本は誰にも媚《こ》びないで生きていける国、文明国になりました。

今回もＰＨＰ研究所の川上達史さんと倉山工房の高橋聖子さんには、お世話になった。私が命を失うことなく仕事ができるのは仲間のおかげである。

日本が再び誰にも媚びないで生きていける日が来るまで、私は死ねない。

この思いが一人でも多くの人に伝わることを祈って、筆をおく。

PHP新書
PHP INTERFACE
http://www.php.co.jp/

倉山　満［くらやま・みつる］

1973年、香川県生まれ。憲政史研究家。1996年、中央大学文学部史学科を卒業後、同大学大学院文学研究科日本史学専攻博士後期課程単位取得満期退学。在学中より国士舘大学日本政教研究所非常勤研究員を務め、2015年まで日本国憲法を教える。2012年、コンテンツ配信サービス「倉山塾」を開講、翌年には「チャンネルくらら」を開局し、大日本帝国憲法や日本近現代史、政治外交について積極的に言論活動を展開している。
近著に『国際法で読み解く世界史の真実』『自民党の正体』『帝国憲法物語』（以上、PHP研究所）、『大間違いの織田信長』（ベストセラーズ）、『右も左も誤解だらけの立憲主義』（徳間書店）、『日本一やさしい天皇の講座』（扶桑社）など多数。

PHP新書 1116

国際法で読み解く戦後史の真実
文明の近代、野蛮な現代

二〇一七年十月二十七日　第一版第一刷

著者――倉山　満
発行者――後藤淳一
発行所――株式会社PHP研究所
東京本部――〒135-8137 江東区豊洲5-6-52
第一制作部 ☎03-3520-9615（編集）
普及部 ☎03-3520-9630（販売）
京都本部――〒601-8411 京都市南区西九条北ノ内町11
組版――有限会社メディアネット
装幀者――芦澤泰偉＋児崎雅淑
印刷所
製本所――図書印刷株式会社

ISBN978-4-569-83694-2

ＰＨＰ新書刊行にあたって

「繁栄を通じて平和と幸福を」(PEACE and HAPPINESS through PROSPERITY)の願いのもと、ＰＨＰ研究所が創設されて今年で五十周年を迎えます。その歩みは、日本人が先の戦争を乗り越え、並々ならぬ努力を続けて、今日の繁栄を築き上げてきた軌跡に重なります。

しかし、平和で豊かな生活を手にした現在、多くの日本人は、自分が何のために生きているのか、どのように生きていきたいのかを、見失いつつあるように思われます。そして、その間にも、日本国内や世界のみならず地球規模での大きな変化が日々生起し、解決すべき問題となって私たちのもとに押し寄せてきます。

このような時代に人生の確かな価値を見出し、生きる喜びに満ちあふれた社会を実現するために、いま何が求められているのでしょうか。それは、先達が培ってきた知恵を紡ぎ直すこと、その上で自分たち一人一人がおかれた現実と進むべき未来について丹念に考えていくこと以外にはありません。

その営みは、単なる知識に終わらない深い思索へ、そしてよく生きるための哲学への旅でもあります。弊所が創設五十周年を迎えましたのを機に、ＰＨＰ新書を創刊し、この新たな旅を読者と共に歩んでいきたいと思っています。多くの読者の共感と支援を心よりお願いいたします。

一九九六年十月

ＰＨＰ研究所